プレゼントしたい！
アイシングクッキーレシピ

Trigo e Cana／Mélililou・著

抜き型不要、少ない色数の食用色素で今すぐはじめられる！
プチギフトはもちろん、特別な贈りものにもぴったりの
かわいくて、個性的なモチーフがぎゅっと詰まったレシピ集です。

Contents

ページの見かた
作例写真 / つくりかた

Lesson 1
きほんがわかる！
〇□☆♡のクッキー

White cookie …… **4 / 22**

Basic pattern …… **6 / 26**

Race pattern …… **7 / 27**

White & Color/Cameo cookie …… **9 / 28**

Words cookie …… **10 / 28**

Medal cookie …… **11 / 29**

きほんの道具 …… **12**

きほんのクッキーをつくる …… **14**

オリジナル型のクッキーをつくる …… **15**

アイシングをつくる …… **16**

アイシングのかたさを調整する …… **17**

コルネの準備 …… **18**

コルネにアイシングを詰める …… **19**

口金つきのコルネの準備 …… **19**

コルネのきほんテクニック …… **20**

アイシングに色をつける …… **24**

食用色素をアイシングに混ぜる …… **25**

食用色素を混色する …… **25**

Lesson 2
思わずつくりたくなる！
私の大好きなモチーフ

Birds …… **30 / 32**

80's …… **35 / 36**

ほのぼのAnimal …… **38 / 39**

Cats …… **40 / 41**

Rosette …… **42 / 44**

Alice's adventures in Wonderland …… **43 / 44**

きのこ …… **46 / 47**

Flowers …… **50 / 50**

Foods …… **52 / 53**

Lesson 3
イベントにぴったり!
季節のモチーフ

お正月 …… **56 / 58**
Valentine's day …… **60 / 61**
ひなまつり …… **62 / 63**
子供の日 …… **64 / 65**
母の日 父の日 …… **66 / 68**
Halloween party …… **71 / 72**
White Christmas …… **74 / 76**
Colorful Christmas …… **75 / 77**

Lesson 4
HAPPYを彩る!
特別なモチーフ

Wedding gift …… **78 / 80**
Japanese wedding …… **82 / 83**
Baby shower …… **84 / 85**
Birthday …… **86 / 87**

型紙／Original pattern …… **89**

Column
焼き色いろいろ …… **15**
後のせパーツをつくろう! …… **21**
手軽にかわいく! トッピングアイテム …… **22**
黒・グレーのアイシングをつくる …… **25**
かわいいラッピングでアイシングクッキーを贈ろう! …… **55**
口金絞りでお花をつくろう! …… **68**

＊この本の使いかた

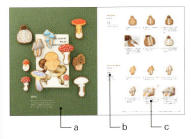

a … アイシングクッキーの仕上がり例。色柄をつける際の参考に。
b … クッキーの型紙の掲載ページ、用意するアイシングの、かたさの目安と色を紹介。色の( )内は食用色素の色の略称(24ページ)です。複数の色素を混ぜる場合は＋で表記しています。
c … 手順を紹介しています。

＊乾燥時間
アイシングが完全に乾くまで、半日から1日かかります。気温や湿度、塗る範囲や厚さで変わるので、完成したらひと晩置いて乾燥させるのが安心。または、食品乾燥機を使うのもおすすめです。

＊保存期間
乾燥剤を入れた密閉容器で1週間程度が目安。なるべく早めに食べましょう。

Lesson 1

きほんがわかる！
○□☆♡のクッキー

アイシングのつくりかたや模様つけなど、アイシングクッキーのきほんをマスターしましょう！シンプルな形でもこんなにかわいく変身します。

White cookie

食用色素を使わない真っ白なクッキー。かおモチーフはコルネの練習にも最適！ 色はトッピングアイテムでプラスしましょう。

▶ つくりかた **22** ページ　Design：Trigo e Cana

Basic pattern

ストライプ、ドットなどシンプルな模様つけのクッキーです。塗る前によく練ること、アイシングを手早く絞ることが、きれいに仕上げるコツ。

▶ つくりかた **26** ページ　Design：Mélililou

Race pattern

曲線、波線、ドットの組み合わせでレース模様を描きましょう。シンプルな形のクッキーも、ぐっと上質な仕上がりに！

▶ つくりかた **27** ページ　Design：Mélililou

きほんのパターンも色遊びで大変身!

6-7ページのベーシック・パターンやレース・パターンも、色の組み合わせ次第で、シックで上品なクッキーに。グレー(CP)、紺(RB + CP)、濃赤(CR + BR)、モスグリーン(LG + CP)、白の5色の配色です。

White & Color
Cameo cookie

きほんテクニックのアレンジで、アイデアは無限大！ベースのアイシングが乾いたら、好みのモチーフやメッセージを楽しんで。

▶ つくりかた **28** ページ　Design：Mélililou

Words cookie

小さなお礼やお祝いにぴったりのメッセージ入りクッキー！ 全体のバランスを大切に、位置を決めてから文字を描きはじめましょう。

▶ つくりかた **28** ページ　Design：Trigo e Cana

Medal cookie

1色のアイシングでつくるアイデアクッキー。ベースのアイシングを乾かしてから模様や文字を重ねると、立体感のある作品になります。
▶ つくりかた **29**ページ　Design：Trigo e Cana

きほんの道具

クッキーをつくる、アイシングをつくる、アイシングで描く、それぞれの段階で必要な道具を紹介します。

◎クッキーをつくる道具

▶ きほんのクッキーをつくる **14** ページ

1 ふるい
薄力粉をふるうときに使う。ココア生地にする場合も、ココアパウダーと薄力粉を混ぜてからふるう。

2 ボウル
材料を混ぜるときに使う。直径20〜30cmのものが使いやすい。

3 はかり
材料を測るときに使う。

4 泡立て器
バターや粉砂糖など材料を混ぜるときに使用する。

5 ゴムべら
生地をざっくり混ぜたり、生地を集めたりするのに便利。

6 ナイフ
オリジナルの型紙を使用して、生地を抜くときに使う。先のとがった小さめのナイフが使いやすい。

7 抜き型
さまざまな形の抜き型が市販されている。オリジナル型は15ページ参照。

8 オーブンシート
生地を焼く際に天板にしく。また、生地をのばす際に机に敷いてのし台代わりにしても。

9 ラップ
生地を休ませたり、保存したりするときに使う。

10 めん棒
生地をのばすときに使う。

11 ルーラー
均一に生地をのばすのに便利。生地の左右に置いて、めん棒をころがす。この本では厚さ5mmのものを使用。

◎ アイシングをつくる道具

1 ボウル
材料を混ぜるときに使う。直径20cm程度のものがハンドミキサーで使いやすい。

2 ハンドミキサー
材料を混ぜるときに。泡立て器でも代用可能だが、5分程度混ぜ続けるのであると便利。

3 はかり
材料を測るときに使う。

4 茶こし
粉砂糖がダマになっているときに使う。

5 計量スプーン
水の分量を測るときに使う。

6 ゴムべら
粉砂糖と乾燥卵白を混ぜるときや、できたアイシングを別の容器に移すときに使う。

▶ アイシングをつくる **16** ページ

◎ アイシングで描くのに必要な道具

1 OPPシート
アイシングを絞るコルネをつくるときなどに。製菓材料店、オンラインショップ等で購入可能。コルネはオーブンシートでつくっても◯。

2 テープ
コルネを貼り留めるのに使う。セロテープ、マスキングテープなど。

3 はさみ
OPPシートやコルネの先端を切るのに使う。端のとがった小さめのものが便利。

4 スプーン
アイシングを混ぜたり、コルネに詰めるときに使う。さまざまな色をつくる際は、安価で大量に買えるプラスチックスプーンが便利。

5 小さめの容器
アイシングを混ぜるときに。多くの色をつくる際は、安価で大量に買えるプラスチックカップが便利。

6 楊枝
食品色素をとるときや、模様を描くときに使う。

7 ピンセット
トッピングアイテムをクッキーにのせるときに便利。

8 筆
乱れたアイシングを整える際に、水で湿らせて使う。

▶ コルネの準備 **18** ページ
▶ コルネのきほんテクニック **20** ページ

きほんのクッキーをつくる

アイシングクリームをのせる土台クッキーをつくりましょう。ココア風味の生地もおすすめです。

レシピ：Mélililou

材料（5mm厚 / 約20×20cm ×2枚分）

・薄力粉　250g
　＊薄力粉はふるっておく。
・粉砂糖　120g
・バター（無塩）　120g
・卵　1個（50g）
　＊卵はときほぐしておく。

＊ココア生地の場合

ココア生地のクッキーにする場合は（60ページ）、材料を薄力粉220g、ココアパウダー30gにして、いっしょにふるっておく。

1 室温に戻したバターをボウルに入れ、泡立て器でやわらかくなるまでよく混ぜる。

2 粉砂糖を加え、泡立て器でこするようにしてよく混ぜる。

3 全体が白っぽく、粉砂糖がなじんだらOK。

4 卵を2〜3回に分けて加える。一度に入れるとバターが分離するため、加えるたびよく混ぜる。

5 卵を混ぜ終えたところ。

6 ふるっておいた薄力粉を加え、ゴムべらでさっくりと手早く混ぜる。

7 粉っぽさがなくなるまで混ぜ、まとめる。生地はこねすぎないよう注意する。

8 生地を2等分にしてラップで包む。冷蔵庫で最低1時間、できればひと晩生地を休ませる。

9 打ち粉用に強力粉（分量外）を平らな台の上に薄くふり、生地をのせたら、左右にルーラーを置き、めん棒で5mm厚にのばす。

＊生地を保存する場合

あまった生地は冷凍で約1か月保存可能。まとめた生地をラップで包み、密封できるジップつき袋に入れたら、冷凍庫へ。使うときは、冷蔵庫に移して自然解凍させる。

Column　焼き色いろいろ

焼き色薄め
180℃のオーブンで13分ほど焼いたもの。薄めの色でアイシングが映えます。

焼き色しっかりめ
180℃のオーブンで20分ほど焼いたもの。割れにくく、香ばしい味が甘いアイシングと好相性。

10 抜き型を生地にのせ、型をしっかり押してから抜く。オリジナル型の場合は下記の手順を参照。

11 天板の上にオーブンシートをしき、抜いた生地を並べる。180℃に温めておいたオーブンで焼く。オーブンの火力によって、焼き上がりは異なるので、様子を見ながら調整を！

12 好みの焼き色がついたら焼き上がり。網に移し、冷ます。

オリジナル型のクッキーをつくる

本書で紹介している作品の多くは、オリジナル型を使用するものです。**89**ページからの型紙を使って、個性的なクッキーづくりを楽しみましょう！

Point
生地がやわらかく切りにくいときは、のばした生地を冷凍庫で数分冷やすと切りやすくなる。

1 クリアファイルを1枚にカットし、型紙の上にのせたら、油性ペンでなぞる。

2 はさみで形にカットする。その際、1のなぞった線の内側を切るようにする。

3 クッキー生地の上に型をのせ、型に沿ってナイフで生地を切る。ていねいに生地から抜く。

アイシングをつくる

レシピ：Trigo e Cana

アイシングは粉砂糖と乾燥卵白を混ぜてつくります。
しっかり混ぜるため、ハンドミキサーを使うと便利でしょう。

材料

・粉砂糖　200g
・乾燥卵白　4g
・水　大さじ2

＊乾燥卵白はパウダー状の卵白。
　メレンゲパウダーともよばれ、
　製菓材料店などで購入できる。

1 ボウルに粉砂糖を入れる。粉砂糖がダマになっている場合は、茶こしでふるう。

2 乾燥卵白を加え、ゴムべらで混ぜ合わせる。

3 水を加える。

4 スイッチは入れずに、ハンドミキサーの羽根で粉砂糖と水がなじむまで混ぜる。

5 ハンドミキサーのスイッチを入れ、5分ほど混ぜる。

6 透明感がなくなり真っ白に、全体がつやっぽくなるまでしっかり混ぜる。クリームを羽根ですくったときに、角が少しおじぎし、下に落ちないかたさに。

7 できあがり。これを「かため」として、使用するモチーフによって少量ずつ容器にとり、かたさを調整する。

＊アイシングを保存する場合

あまったアイシングは、冷蔵で1週間ほど保存可能。「かため」の状態のまま、密閉容器に入れ、湿らせたペーパータオルをかぶせてふたをしたら冷蔵庫へ。できるだけ早めに使い切るのが◯。

アイシングのかたさを調整する

表面を塗る、細かい模様を描くなど、目的によってアイシングのかたさを変えます。きほんの「かため」に、少量ずつ水を加えて「中間」「やわらかめ」と調整しましょう。

かため

きほんのアイシングのかたさ。スプーンですくったときに、角が少しおじぎし、スプーンから下に落ちないかたさが目安。

こんなときに使おう！
- 目や口など顔のパーツを描く
- 口金で花を絞る
- しっかりとした線を描く

中間

かためよりアイシングの表面が少しなめらかで、すくったときに、下に筋が少し残る。スプーンからゆっくりと下に落ちるかたさ。

こんなときに使おう！
- アウトラインを描く
- 模様を描く
- 小さな面を塗りつぶす
- パーツの接着をする

やわらかめ

アイシングをすくって下にたらすと、リボン状になめらかに落ち、3〜5秒でなじむかたさが目安。

こんなときに使おう！
- 大きな面を塗りつぶす
- 平面的な模様を描く

※アイシングをかたくする

容器にアイシングを必要分とり、茶こしでふるった粉砂糖を、少しずつ加えてスプーンなどでしっかり混ぜる。

※アイシングをやわらかくする

容器にアイシングを必要分とり、スプーンで水を少しずつ加えてしっかり混ぜる。少量でもかたさは変わるので"少しずつ"がポイント。

Point 練り直してなめらかに

コルネに詰める前や、保存していたアイシングを使うときは、容器にとってよく練り直します。すると、アイシングがなめらかに！

コルネの準備

アイシングを絞る際に使う、絞り袋「コルネ」をつくりましょう。
OPPシートかオーブンシートを用意します。

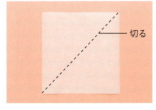

1 OPPシート（見やすいようここではオーブンシート）を正方形（18×18cmがおすすめ）に切る。

2 対角線にふたつに切り、三角形にする。対角線の中央をAとする。

3 45°の角をそれぞれ手で持つ。

4 下のほうの角を外側に向かってわにする。

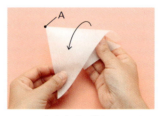

5 4の角を右手に巻きつけるように、手前側に向かってわにする。その際、Aに向かってとがらせる。

6 そのまま巻き込んだら、端を手前に引っ張るようにして、Aの部分をとがらせる。

7 巻き終えたところ。先端にはすき間がない状態。

OPPシートの場合

8 テープでシートの端を貼り留める。

完成！ 左からオーブンシートとOPPシートのコルネ。

オーブンシートの場合

8 3つの角が重なった部分を、内側に2回折り込む。
＊オーブンシートはテープがつかないため、折り込んで固定する。

3枚重なっている

9 折り込んだ部分を、指でつまみながら、3枚重なっている部分に2か所はさみで切り込みを入れる。

10 切り込みを入れた部分を、内側に折り込む。これでコルネの形が固定できた。

コルネにアイシングを詰める

アイシングを詰める分だけ小さな容器にとり、しっかり練ってからコルネに詰めるのがポイントです。

1 アイシングをよく練り、スプーンですくう。アイシングには必要な色をつけておく（24ページ）。

2 スプーンをそっとコルネの奥まで差し入れる。

3 スプーンの先を指で押さえながら引き抜く。

4 コルネの袋口の左右を内側に折り込む。

5 コルネの袋口を上から下に、アイシングがぎゅうぎゅうになるまで数回折り込む。

6 袋口をテープで貼り留める。ただし、オーブンシートの場合は折り込んで完成。

口金つきのコルネの準備

立体的な模様をつけたり、お花をつくったりする場合には、製菓用の口金を使います。用途に合わせて選んで。

＊星口金 星の形に絞れる口金です。メダル（29ページ）の縁どり模様に使用しています。

＊バラ口金 リボン状に絞れる口金です。ブーケ（69ページ）のお花パーツやミイラ男（73ページ）の包帯などで使用しています。

1 コルネをつくり、先端から1.5cm程度はさみでカットする。

2 コルネのなかに口金を入れ、先端から口金を出したら、テープでコルネと口金を貼り留める。

3 上記の手順と同様に、コルネにアイシングを詰める。絞る際は折り目の部分を押す。

コルネのきほんテクニック

アイシングをクッキーに絞る際のきほんのテクニックです。これさえマスターすれば、模様も文字もお手のもの！

＊コルネの先を切る

細い線
太い線

コルネの先端をはさみでカットし、絞り口をつくる。

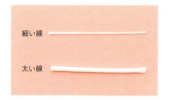
細い線
太い線

用途に合わせ、カットする位置でアイシングの絞りの太さを調節する。

＊コルネを持つ

コルネの折り目の位置を持ち、親指で押して絞り出す。小指側の手のつけ根を、机に固定しながら描くと安定する。

＊直線を描く

1 コルネの先端を描きはじめの位置につけ、絞りながらコルネを上げる。浮かせながら描く。

NG コルネの先端を描く面につけながら絞ると、線がかすれ、安定しない。また、絞るときは一定の強さで押す。

2 描き終える際に再度、コルネの先端を描く面にこすりつけて、アイシングを切る。

＊曲線を描く

コルネを絞りながらゆっくりと浮かして動かして、カーブをつける。

＊波線を描く

コルネは少しだけ浮かせて、小さなカーブをリズミカルに描く。

＊ドットを描く

1 コルネを立て、描く面に先端をつけてそのまま絞る。

2 好みの大きさになったら、「の」の字を描くようにして先端を離す。

Point アイシングの角が立ったら、水をつけた筆で軽くおさえて表面を整える。

＊しずくを描く

ドットの要領で絞り出し、最後に押し出す力を弱めながら引く。

＊葉っぱを描く

1 コルネの先端をつぶし、はさみでV字にカットする。

2 しずくの要領で絞る。葉の大きさはカットする位置や、コルネを押す力で調整を。

＊表面を塗る

1 かためまたは中間のかたさのアイシングで、クッキーの形に沿って、アウトラインを描く。

2 中間またはやわらかめのアイシングで、1のアウトラインの内側をなぞる。

3 中間またはやわらかめのアイシングで面を塗りつぶす。生地が透けないようたっぷり塗るとよい。

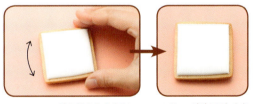

Point 塗り終えたらすぐに、クッキーをゆする。

アイシングがムラなく広がり、表面がきれいに整った状態に！

模様をなじませるときもゆする！

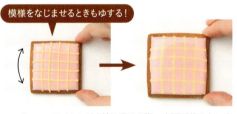

Point アイシングを塗り進める際、表面が乾かない内に、手早く次の色を塗ったり、重ねたりして、なじませるのがきれいに仕上げるコツ。ただし、立体的な模様をつける際は、表面が乾いてから次のアイシングをのせて！

Column 後のせパーツをつくろう！

1 厚紙、下絵、OPPシートの順に重ね、テープで仮留めする。

2 下絵のアウトラインをなぞる。

3 ほかの色ものせ、2の部分を塗りつぶす。ひと晩置き、完全に乾いたら、そっとはがす。

かおクッキー

▶ 型紙 89ページ・丸

用意するアイシング
◎かため
　白

1 クッキーを用意したら、かための白で髪の毛を描く。髪のくるくるは、波線を描く要領（20ページ）で。

2 かための白で左右の耳を描く。

3 かための白で目、鼻、口を描く。

ホワイトスター

▶ 型紙 89ページ・星

用意するアイシング・材料
◎かため
　白
◎やわらかめ
　白
・アラザン（ゴールド）・大
・アラザン（ゴールド）・小

1 クッキーを用意したら、かための白でアウトラインを描く。

2 やわらかめの白でアウトラインのなかを塗りつぶす。

3 2の表面が乾かないうちに、大小のアラザンをバランスよくのせる。

カラフルハート

▶ 型紙 89ページ・ハート

用意するアイシング・材料
◎かため
　白
◎やわらかめ
　白
・スプリンクル
　（ノンパレル・ミックス）

1 クッキーを用意したら、かための白でアウトラインを描く。

2 やわらかめの白でアウトラインのなかを塗りつぶす。30分ほど乾燥させる。

3 表面が乾いたら、やわらかめの白で、ハートの形に沿って太めに縁どりする。

4 3の表面が乾かないうちに、スプリンクルをふりかけてまわりにつける。

Column
手軽にかわいく！トッピングアイテム

のせるだけのかんたん手順で、華やかさがアップする製菓用のトッピングアイテム。種類豊富で、最近では100円ショップで販売されているものもあります。

スプリンクル（ノンパレル）

アラザン（ゴールド）

アラザン（シルバー）

プレゼント

▶ 型紙 **89** ページ・四角

用意するアイシング・材料・道具

◎かため
　白
◎やわらかめ
　白
・グラニュー糖
・アラザン（シルバー）・大
・アラザン（シルバー）・小
・バラ口金

1 クッキーを用意したら、かための白でアウトラインを描き、やわらかめの白でアウトラインのなかを塗りつぶす。30分ほど乾燥。

2 かための白で十字のアウトラインを描き、やわらかめの白で十字のなかを塗りつぶす。

3 2の表面が乾かないうちに、グラニュー糖をふりかける。30分ほど乾燥させ表面が乾いたら、余分なグラニュー糖を落とす。

4 バラ口金をつけたコルネを用意し（19ページ）、かための白で、十字の交差部分にリボンを描く。

5 リボンは矢印のようにコルネを動かして、左右半分ずつ描くとよい。

6 3の表面が乾かないうちに、アラザン大小をリボンの中心にのせる。

ホワイトリース

▶ 型紙 **89** ページ・丸

用意するアイシング

◎かため
　白
◎やわらかめ
　白

1 クッキーを用意したら、かための白でアウトラインを描き、やわらかめの白でアウトラインのなかを塗りつぶす。30分ほど乾燥。

2 かための白のコルネの先を「葉っぱを描く」ときの形にカットし（21ページ）、葉っぱを、外向きと内向き交互に1周描く。

3 かための白で中央に文字を描く。

ホワイトレース

▶ 型紙 **89** ページ・四角

用意するアイシング

◎かため
　白
◎やわらかめ
　白

1 かための白でアウトラインを描き、やわらかめの白でなかを塗りつぶす。30分ほど乾燥させたら、角に小さなカーブを描き、そこにしずくとドットを加える。

2 1の上に大きなカーブを二重に描き、間にジグザグ模様を描く。カーブに沿って小さな半円をつなげ、その上にドットをふたつ加える。

3 1の反対側の角に、しずくとドットを描く。

アイシングに色をつける

この本では食用色素でアイシングに着色しました。
ビギナー向けの色素セット8色を、濃さを変えたり、
色を合わせたりして、ほとんどの作品の色をつくっています。

Christmas red (CR)
クリスマスレッド

Pink (PI)
ピンク

Orange (OR)
オレンジ

Brown (BR)
ブラウン

Lemon yellow (LY)
レモンイエロー

Leaf green (LG)
リーフグリーン

Sky blue (SB)
スカイブルー

Violet (VL)
バイオレット

Point

ピンクはCR、PIどちらの色素でもつくれます。
CRでつくるピンクはややきいろみを帯びた、
やわらかな印象の色に。

＊ Wilton社アイシングカラー

この本ではアメリカのウィルトン社アイシングカラーを使用しています。8色のカラーキットは使いやすい色がそろった、ビギナー向けセット。オンラインショップなどで購入可能です。

＊（ ）内は手順ページで使用している色の略称です。

食用色素をアイシングに混ぜる

ジェル状の食用色素を使った、アイシングの着色方法を紹介します。

1 使用したい色の食用色素を、楊枝の先に少しだけつける。

2 つくりたい分量より少し多めに、かための白いアイシングを小さな容器にとり、楊枝の先にとった食用色素をごく少量つける。

3 スプーンで全体に色がなじむようしっかり練る。

4 好みの濃さになるまで少しずつ調整する。色が決まったら、アイシングのかたさを調整するとよい。

Point 食用色素の分量に注意！

同じ色素でも入れる分量で色はまったく異なります。右は「スカイブルー」の色素を楊枝2回分。左はその約3倍つけてできた色。作例によっても色の濃淡は変わるため、作品の写真を見ながら近い色に調整しましょう。なお、「クリスマスレッド」は乾くと濃いめの色に、「バイオレット」は薄めの色になるのをふまえて着色しましょう。

食用色素を混色する

食用色素を混ぜれば、さまざまな色がつくれます。少しずつ加えるのがコツ。

1 白いアイシングを小さな容器に入れ、使用する食用色素それぞれを楊枝でごく少量つける。

2 スプーンで全体に色がなじむようしっかり練る。

3 きちんと色が混ざった状態で、確認し、好みの色、濃さになるまで少しずつ調整する。

4 「スカイブルー」と「リーフグリーン」を混ぜて、「ミント」のアイシングが完成！

Column
黒・グレーのアイシングをつくる

食用色素の混色では、真っ黒はつくれないため、下記のパウダーを使います。白いアイシングにそのまま加えてよく練りましょう。

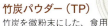

竹炭パウダー（TP）
竹炭を微粉末にした、食用パウダー。衣服につくととれにくいので扱いに注意。

ブラックココアパウダー（CP）
一般的なココアよりも黒いパウダー。グレーとして使うと、「ササクレヒトヨタケ」(47ページ)のようにやや茶色みのある色に。

模様つけのポイント

すっきり水玉
▶ 型紙 **89** ページ・丸

用意するアイシング
◎中間
　白
◎やわらかめ
　ピンク（PI）、白

1 中間の白でアウトラインを描いたら、やわらかめのピンクでなかを塗りつぶす。

表面が乾かないうちに手早く！

2 1の上に、やわらかめの白でドット模様を描く。にじむのでコルネの先は表面につけないで。

ゆすってなじませる

3 2の表面が乾かないうちに、アイシングに触れないようクッキーをつまんでゆする。

ぷっくり水玉
▶ 型紙 **89** ページ・ハート

用意するアイシング
◎中間
　白、赤（CR）
◎やわらかめ
　ピンク（PI）

1 中間の白でアウトラインを描いたら、やわらかめのピンクでなかを塗りつぶす。

表面が乾いてから

2 30分ほど乾燥させ、表面が乾いたら、中間の赤でドット模様を描く。

3 ベースが乾いてから模様をのせたので、立体感のあるドット模様に！

ストライプ
▶ 型紙 **89** ページ・四角

用意するアイシング
◎中間
　白
◎やわらかめ
　きいろ（LY）、
　紫（VL）

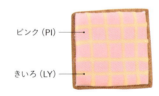
中間の白でアウトラインを描き、やわらかめのきいろで塗りつぶしたら、すぐに、やわらかめの紫でななめに線を描く。

Arrange
チェック

ピンク（PI）
きいろ（LY）

やわらかめのピンクで塗りつぶしたら、すぐに、やわらかめのきいろで横線とたて線を描く。

モザイク柄
▶ 型紙 **89** ページ・星

用意するアイシング
◎中間
　白
◎やわらかめ
　緑（LG）、紫（VL）、白

1 中間の白でアウトラインを描いたら、やわらかめの緑をランダムに絞ってのせる。

2 やわらかめの紫をバランスよく絞って加える。

3 やわらかめの白ですき間を埋め、ゆすって模様をなじませる。

矢羽柄

▶ 型紙 **89** ページ・ハート

用意するアイシング
◎中間
　白
◎やわらかめ
　紫（VL）、白、茶（BR）

1 中間の白でアウトラインを描いたら、やわらかめの紫で塗りつぶす。すぐにやわらかめの白で横線を描く。

2 **1**の白の線のすぐ下に、やわらかめの茶で横線を描く。

3 表面が乾かないうちに、線に対して垂直に楊枝を入れ、上下交互にアイシングを引っかく。楊枝についたアイシングはその都度とる。

レース I

▶ 型紙 **89** ページ・ハート

用意するアイシング
◎中間
　白
◎やわらかめ
　ピンク（CR）

1 中間の白でアウトラインを描いたら、やわらかめのピンクで塗りつぶす。表面が乾いたら、中間の白で直線を2本描き、上下に小さな波線、間にドットを入れる。

2 中間の白で、**1**の下に直線を描き、線に沿って小さな波線を二重に描く。

3 上下逆さにし、波線の間に細いしずくを加える。元の向きに戻し、同様の模様を**1**の上にも描く。

レース II

▶ 型紙 **89** ページ・星

用意するアイシング
◎中間
　白
◎やわらかめ
　水色（SB）

1 中間の白でアウトラインを描いたら、やわらかめの水色で塗りつぶす。表面が乾くまで30分ほど置く。

2 **1**の形に沿って中間の白でしずくを描く。ひとつ絞ったら、戻して次を絞るというように少しずつ重ねる。

3 手順**2**を続けて、形に沿って1周描く。

レース III

▶ 型紙 **89** ページ・丸

用意するアイシング
◎中間
　白
◎やわらかめ
　黄緑（LG）

1 まわりに余白を残して、中間の白でアウトラインを描いたら、やわらかめの黄緑で塗りつぶす。

2 表面が乾いたら、**1**のまわりに、中間の白で波線を描く。その外側にもう1周波線を加える。

3 **1**の円と波線の間に、中間の白でドット模様を描く。すき間をつくらないよう、細かなドットを連ねて。

カメオ I

▶ 型紙 **89** ページ・丸

用意するアイシング
◎中間
　白
◎やわらかめ
　黄緑 (LG)

1. 27ページ「レースIII」をつくり乾かす。中間の白で白鳥のアウトラインを描き、塗りつぶす。王冠と星を加え、羽を縁どる。

カメオ II

▶ 型紙 **89** ページ・丸

用意するアイシング
◎中間
　白、赤 (CR)
◎やわらかめ
　ピンク (PI)、白

26ページ「すっきり水玉」をつくり乾かす。中間の赤で文字、中間の白でしずくレース (27ページ「レースII」) を描く。

ねこ

▶ 型紙 **89** ページ・丸

用意するアイシング
◎中間
　白、水色 (SB)
◎やわらかめ
　白

1. 中間の白でアウトラインを描いたら、やわらかめの白で塗りつぶす。すぐに中間の水色で文字とねこを描く。

2. 1の表面が乾いたら、中間の水色でハートと、まわりにしずくレース (27ページ「レースII」) を描く。

Arrange
＊ベースの白はやわらかめ、そのほかはすべて中間のかたさ。

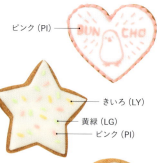

ピンク (PI)
きいろ (LY)
黄緑 (LG)
ピンク (PI)

白
茶 (BR)
ピンク (PI)
黄緑 (LG)

ミニリボン

▶ 型紙 **89** ページ・丸

用意するアイシング
◎中間
　白、ピンク (PI)、
　黄緑 (LG)、
　きいろ (LY)
◎やわらかめ
　白

1. 中間の白でアウトラインを描いたら、やわらかめの白で塗りつぶす。表面が乾いたら、中間のピンクでリボンを描く。

2. 中間の黄緑、きいろとそれぞれ同様にリボンを描く。表面が乾いたら、リボンの中心に中間の白でドットをのせる。

THANKS

▶ 型紙 **89** ページ・丸

用意するアイシング
◎かため
　白、黒 (TP)
◎やわらかめ
　白、赤 (CR)

1. かための白でアウトラインを描いたら、やわらかめの白で塗りつぶす。

2. 1の上に、やわらかめの赤でチェック模様を描く。30分ほど乾燥させる。

3. かための黒で中央に文字を描く。字の太くする部分は、アウトラインを描いてからなかを塗るとよい。

Eat me!

▶ 型紙 **89**ページ・丸

用意するアイシング
◎**かため**
　緑（LG）、青（SB）
◎**やわらかめ**
　緑（LG）、白

1 かための緑でアウトラインを描いたら、やわらかめの緑で塗りつぶす。

2 1の上に、やわらかめの白で波線模様を描く。30分ほど乾燥させる。

3 かための青でバランスを見ながら文字を描く。筆記体は細めの線で一定の強さで絞りながら一気に描くのがコツ。

Love

▶ 型紙 **89**ページ・ハート

用意するアイシング
◎**かため**
　ピンク（PI）、
　黄緑（LG + LY）
◎**やわらかめ**
　ピンク（PI）、
　赤（CR）

26ページ「すっきり水玉」の要領で、ピンク×赤の水玉ベースをつくり、乾かす。かための黄緑で文字を描く。

HAPPY BIRTHDAY

▶ 型紙 **89**ページ・ハート

用意するアイシング
◎**かため**
　水色（SB）、
　ピンク（PI）
◎**やわらかめ**
　水色（SB）、白

26ページ「ストライプ」の要領で、水色×白のストライプベースをつくり、乾かす。かためのピンクで文字を描く。

メダル

▶ 型紙 **89**ページ・丸

用意するアイシング・道具
◎**かため**
　きいろ（LY）
◎**やわらかめ**
　きいろ（LY）
・星口金

1 かためのきいろでアウトラインを描いたら、やわらかめのきいろで塗りつぶす。30分ほど乾燥させる。

2 表面が乾いたら、かためのきいろで、数字と王冠のアウトラインを描き。王冠の上にドットを加える。

3 やわらかめのきいろで、数字と王冠のなかを塗りつぶす。

4 星口金をつけたコルネを用意し（19ページ）、かためのきいろで、縁どり模様を描く。口金をふきとりながら行う。

5 しずくを描く要領（21ページ）で、アイシングを出して引くを、クッキーを回しながら1周くり返す。

6 絞り終わりは、楊枝で形を整える。

＊用意するアイシングの、かため・中間・やわらかめはアイシングのかたさ（**17**ページ）、（　）内は使用した食用色素の色（**24-25**ページ）です

Lesson 2
思わずつくりたくなる!
私の大好きなモチーフ

鳥、車、ねこ、きのこ、そして花たち……
みんなが大好きなかわいいモチーフを
とにかくたくさん集めました!

Birds

鮮やかな色合いが楽しい鳥シリーズ。オオハシ、フラミンゴ、コンゴウインコの羽は、アイシングを楊枝で引っかき模様を描いています。

▶ つくりかた **32** ページ　Design : Trigo e Cana

文鳥

▶ 型紙 89 ページ

用意するアイシング
◎かため
　白、ピンク（CR）
◎やわらかめ
　黒（TP）、白、ピンク（CR）、
　グレー（TP）

1 かための白でアウトラインを描く。

2 やわらかめの黒で頭とのどの部分を塗りつぶす。その際、アウトラインをおおうように色をのせる。

3 やわらかめの白で、顔を塗りつぶす。

4 2と3の上に、やわらかめのピンクで目の縁を描く。

5 やわらかめのグレーで羽の部分を塗りつぶす。その際、アウトラインをおおうように色をのせる。

6 やわらかめの白で腹の部分を塗りつぶしたら、すぐにやわらかめの黒で尾も塗る。その際、アウトラインをおおうように色をのせる。

7 6の表面が乾かないうちに、羽と腹の境を、尾から体に向かって楊枝で引っかき、黒いラインを引く。

8 やわらかめの黒で目を描く。

9 やわらかめのピンクで口ばしを、かためのピンクで足を描く。口ばしのアイシングは陥没しないよう、薄く塗るとよい。

Arrange

＊アウトライン、足はかため、そのほかはやわらかめにする。

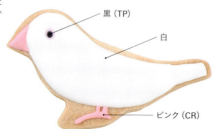

黒（TP）

白

ピンク（CR）

広い面を塗るときは、やわらかめのアイシングをしっかり練って使うのがポイント。練りが足りないとひび割れなどの原因に！

オカメインコ

▶ 型紙 **89** ページ

用意するアイシング
◎かため
　白、ピンク（CR）、黒（TP）
◎やわらかめ
　白、きいろ（LY）、
　オレンジ（LY + OR）

1 かための白で尾の部分のアウトラインを描く。

2 やわらかめの白で尾の右側、きいろで尾の左側を塗りつぶす。15分ほど乾燥させたら、かための白で体のアウトラインを描く。

3 やわらかめの白で、胴体を塗りつぶす。**2**で塗った尾の部分にもアイシングを重ねることで立体感が出る。

4 やわらかめのきいろで頭を塗りつぶしたら、すぐに、やわらかめのオレンジで頬を描く。

5 かためのピンクで足と口ばしを描く。口ばしは「て」を描くイメージ。

6 30分ほど乾燥させたら、かための黒で目を小さく描く。

フラミンゴ

▶ 型紙 **89** ページ

用意するアイシング
◎かため
　ピンク（PI）、
　薄ピンク（CR）、黒（TP）
◎やわらかめ
　ピンク（PI）、薄ピンク（CR）、
　黒（TP）

1 かためのピンクでアウトラインを描く。

2 やわらかめのピンクで**1**を塗りつぶしたら、すぐにやわらかめの薄ピンクで羽を描く。

3 **2**の表面が乾かないうちに、楊枝で矢印の方向に放射状に引っかき、羽の模様をつける。

4 かための薄ピンクで足の上部を描く。

5 かための薄ピンクで足の関節から足先まで描く。関節部分はアイシングを多めに絞って立体感を出すとよい。

6 かための薄ピンクで口ばしのアウトラインを描く。やわらかめの薄ピンク、黒で口ばしを塗り、楊枝を矢印の方向に引く。乾いたら、かための黒で目を描く。

オオハシ

▶ 型紙 **89** ページ

用意するアイシング
◎かため
　黒 (TP)、青 (SB)
◎やわらかめ
　黒 (TP)、白、赤 (CR)、
　きいろ (LY)、青 (SB)、
　オレンジ (OR)

1 かための黒でアウトラインを描く。

2 やわらかめの黒で胴体の部分を塗りつぶす。すぐに、羽の部分にやわらかめの白と赤をのせる。

3 2の表面が乾かないうちに、尾から上に向かって楊枝で引っかき、羽の模様をつける。

4 やわらかめのきいろで顔の部分を塗りつぶし、すぐにやわらかめの青で目の縁をのせ、その上にやわらかめの黒で目を描く。

5 やわらかめの白で腹の部分を塗りつぶす。やわらかめの黒ときいろで口ばしを塗る。

6 やわらかめのオレンジで口ばしの下の部分を塗りつぶしたら、きいろとの色の境を楊枝で混ぜるようにして、境めをぼかす。

7 口ばしのつけ根に、やわらかめの黒で太めのラインを引く。

8 口ばしの表面が乾かないうちに、口ばしの色の境を、先からつけ根に向かって楊枝で引っかき、黒いラインを引く。

9 かための青で足を描く。楊枝で何度か引っかき、でこぼこ感を出すとよい。

コンゴウインコ

▶ 型紙 **89** ページ

用意するアイシング
◎かため
　赤 (CR)、白、黒 (TP)
◎やわらかめ
　赤 (CR)、青 (SB)、
　緑 (LG) 白、黒 (TP)

1 かための赤で尾の部分のアウトラインを描いたら、やわらかめの赤で下側を、青で上側を塗りつぶす。15分ほど乾燥させ、かための赤で体のアウトラインを描く。

2 やわらかめの赤、緑、青で、頭と胴体を塗りつぶす。すぐに、羽先の青い部分から上に向かって楊枝で引っかき、羽の模様をつける。

3 やわらかめの白と黒で顔を塗り、30分ほど乾燥。かための白で口ばしのアウトラインを描き、やわらかめの白で塗る。表面が乾いたら、かための黒で目を描く。

80's

アイシングは濃いめの色で、ポップ感を存分に楽しみましょう。星の抜き型は手に入りやすく多彩なアレンジが可能なのでおすすめ！

▶ つくりかた **36** ページ　Design：Trigo e Cana

スポーツカー

▶ 型紙 **90** ページ

用意するアイシング
◎かため
　赤（CR）、黒（TP）
◎中間
　グレー（TP）
◎やわらかめ
　紫（VL）、
　ミント（SB＋LG）、
　赤（CR）、黒（TP）

1 かための赤で車体、黒でタイヤのアウトラインを描く。

2 やわらかめの紫で窓の部分を塗りつぶす。

3 2の上にやわらかめのミントで、窓の模様を少しはみ出しぎみに描く。同じ色でライト部分を塗りつぶす。

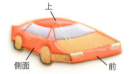

4 3を30分ほど乾燥させたら、やわらかめの赤で窓のフレームを描き、そのまま車体の上、前、側面を塗りつぶす。30分ほど乾燥。

5 やわらかめの赤で車体の残りの部分を塗りつぶす。

6 タイヤは中心を残しつつ、やわらかめの黒で塗る。中間のグレーでタイヤの中心、ハンドルを描く。

ソーダ

▶ 型紙 **89** ページ

用意するアイシング・材料
◎かため
　白
◎中間
　グレー（TP）
◎やわらかめ
　きいろ（LY）、白、緑（LG）、
　・スプリンクル（ノンパレル）

1 かための白でアウトラインを描く。

2 やわらかめのきいろでレモンを塗りつぶす。

3 やわらかめの白でレモンの模様を描く。

4 やわらかめの白でグラスの上と下を、やわらかめの緑で中央を塗りつぶす。

5 4の表面が乾かないうちに、スプリンクルをちらす。

6 中間のグレーを太めの線にして、アウトラインをなぞる。その際、ラインを途切れ途切れにして、昔のイラスト風に仕上げる。

ネオンスター

▶ 型紙 **89** ページ・星

用意するアイシング
◎かため
　黒（TP）
◎中間
　ピンク（PI）、青（SB）、
　きいろ（LY）
◎やわらかめ
　黒（TP）

1 かための黒でアウトラインを描く。

2 やわらかめの黒で星を塗りつぶし、1時間ほど乾燥させる。

3 中間のピンクでフラミンゴを描く。

4 中間の青で、フラミンゴの横に文字を描く。

5 中間のきいろで、星のアウトラインの内側を形に沿ってなぞる。

ポップスター

▶ 型紙 **89** ページ・星

用意するアイシング・材料
◎かため
　ピンク（PI）
◎中間
　白
◎やわらかめ
　ピンク（PI）、
　濃ピンク（PI）、
　きいろ（LY）、青（SB）
・スプリンクル（ノンパレル）

1 かためのピンクでアウトラインを描いたら、やわらかめのピンクで星を塗りつぶす。

2 1の上に手早く、やわらかめの濃ピンク、きいろ、青の3色で模様を描く。模様は、曲線・ジグザグ・線などランダムに、3色バランスよく描くとよい。

3 模様が描けたら、完全に乾くまで半日から1日乾燥させる。

4 中間の白で、星の形に沿って太めに縁どりする。

5 4の表面が乾かないうちに、縁にスプリンクルをまぶしつける。

＊用意するアイシングの、かため・中間・やわらかめはアイシングのかたさ（17ページ）、（ ）内は使用した食用色素の色（24-25ページ）です

ほのぼのAnimal

眺めているだけでやさしい気持ちになる、かわいい動物たち。ハリネズミはジグザグ、アルパカは小さな波線の模様つけで、質感を演出しましょう。

▶ つくりかた **39** ページ　Design：Trigo e Cana

ハリネズミ

▶ 型紙 **90** ページ

用意するアイシング
◎かため
　こげ茶（BR + TP）
◎中間
　黒（TP）、ピンク（CR）

1 かためのこげ茶で、胴体の内側に沿って、ジグザグに円を描く。

2 そのまま1の円に少し重ねるようにして、ジグザグの円を描く。胴体の中心に向かって同様にジグザグの円を2つ描き重ねる。

3 中間の黒で目、口、鼻を描く。中間のピンクで丸く頬を描く。

アルパカ

▶ 型紙 **90** ページ

用意するアイシング
◎かため
　白
◎中間
　こげ茶（BR + TP）、
　赤（CR）
◎やわらかめ
　ベージュ（BR）、白

1 かための白でアウトラインを描く。やわらかめのベージュで耳を描く。

2 やわらかめの白で尾と体を塗る。その際、鼻と口のあたりは塗り残す。

3 2の塗り残し部分にやわらかめのベージュを塗る。30分ほど乾燥させる。

4 かための白で、尾、体の順にアウトラインを小さな波線で縁どる。足も同様に描く。

5 中間のこげ茶で目、鼻、口を描く。

6 中間の赤で蝶ネクタイを描く。

ゾウ

▶ 型紙 **90** ページ

用意するアイシング
◎かため
　水色（SB + TP）
◎中間
　黒（TP）
◎やわらかめ
　水色（SB + TP）

1 かための水色でアウトラインと尾を描く。

2 やわらかめの水色で胴体を塗りつぶす。30分ほど乾燥させる。

3 やわらかめの水色で頭を塗りつぶす。30分ほど乾燥させ、中間の黒で目を描く。

＊用意するアイシングの、かため・中間・やわらかめはアイシングのかたさ（17ページ）、（ ）内は使用した食用色素の色（24-25ページ）です

Cats

同じ型紙を使っても、柄を変えるだけでこんなにバラエティー豊かに！ 思わずたくさんつくりたくなるユーモラスなねこたちです。

▶ つくりかた **41** ページ　Design：Trigo e Cana

茶とら

▶ 型紙 90 ページ

用意するアイシング

◎かため
　白
◎中間
　赤（CR）、きいろ（LY）
◎やわらかめ
　薄茶（LY + OR + BR）、
　白、茶（薄茶＋BR）

1 かための白でアウトラインを描く。

2 やわらかめの薄茶で体を塗りつぶす。

3 やわらかめの白で体の残りの部分を塗りつぶす。2 の上に手早く、やわらかめの茶で横線を引く。

4 3 の表面が乾かないうちに、下から上に向かって、楊枝で引っかき模様をつける。

5 すぐにラインの端を上から下に向かって引っかく。やわらかめの茶で、尾に模様を描く。30分ほど乾燥させる。

6 中間の赤でリボンを、中間のきいろで鈴を描く。

黒白ねこ

▶ 型紙 90 ページ

用意するアイシング

◎かため
　黒（TP）
◎中間
　赤（CR）、きいろ（LY）
◎やわらかめ
　黒（TP）、白

1 かための黒でアウトラインを描き、写真の白い部分を残して、やわらかめの黒で塗ったら、すぐにやわらかめの白を塗る。

2 1 の表面が乾かないうちに、足と尾の、黒と白の境めを楊枝で混ぜるようにして、境めをぼかす。

3 1 の表面が乾かないうちに、顔の白い部分の中央を楊枝で上に引っかき、模様をつけて、30分ほど乾燥させる。中間の赤でリボンを、中間のきいろで鈴を描く。

Arrange

＊アウトラインはかため、そのほか指定以外はやわらかめにする。

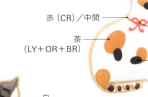

黒（TP）
赤（CR）／中間
白
グレー（TP + BR）

赤（CR）／中間
茶（LY＋OR＋BR）
白
きいろ（LY）／中間
グレー（TP + BR）

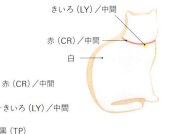

赤（CR）／中間
きいろ（LY）／中間
黒（TP）

きいろ（LY）／中間
赤（CR）／中間
白

Rosette

大人気のかわいいモチーフ、ロゼット。なかの模様はお気に入りの柄にアレンジOK！メッセージを入れてプチプレゼントにも。
▶ つくりかた **44** ページ　Design：Mélililou

Alice's adventures in Wonderland

絵本に登場しそうなキュートなアリスと白ウサギ。トランプだけたくさんつくっても、かわいいクッキーセットになりそうです。

▶ つくりかた **44** ページ　Design：Mélililou

ロゼット

▶ 型紙 90 ページ

用意するアイシング
◎中間
　白、紫（VL + CR）、
　黄緑（LG + LY）、
　きいろ（LY + OR）、
　ピンク（PI）、茶（BR）
◎やわらかめ
　薄きいろ（LY + OR）、
　黄緑（LG + LY）、
　紫（VL + CR）、白

1 中間の白でアウトラインを描く。

2 やわらかめの薄きいろで中央の円の部分を、黄緑でロゼットの足を塗りつぶす。その際、アウトラインをおおうように色をのせる。

3 やわらかめの紫で、まわりのリボンの部分を塗りつぶし、30分ほど乾燥させたら、中間の紫で縁どりをする。

4 2の表面が乾いたら、やわらかめの白でスワンのアウトラインを描き、やわらかめの白でなかを塗りつぶす。中間のきいろで王冠と口ばしを描く。

5 4の表面が乾いたら、中間のピンク、黄緑、きいろでリボンを、中間の茶で目を描く。中間の白で、しずくをつなげて円を縁どる。

Arrange

茶（BR）／中間

きいろ（LY + OR）
ピンク（PI + OR）
アラザン（シルバー）

ユニコーン

▶ 型紙 90 ページ

用意するアイシング
◎中間
　白、きいろ（LY + OR）、
　青（SB）、オレンジ（OR）、
　茶（BR）
◎やわらかめ
　白

1 中間の白でアウトラインを描く。

2 やわらかめの白で体、中間のきいろで鞍の部分を塗りつぶし、角を描く。30分ほど乾燥させる。

3 中間の青で、頭の毛、たてがみ、尾を描く。中間のオレンジで腹帯を塗り、蹄と鞍の縁飾りを描いたら、中間の茶で目を描く。

懐中時計

▶ 型紙 90 ページ

用意するアイシング
◎中間
　白、水色（SB）、茶（BR）
◎やわらかめ
　白、きいろ（LY）

1 中間の白でアウトラインを描き、文字盤の部分をやわらかめの白で塗りつぶす。

2 やわらかめのきいろで文字盤のまわりの部分を塗りつぶし、上の金具部分を描く。30分ほど乾燥させる。

3 中間の水色で、時計の針を描く。30分ほど乾燥させ、表面が乾いたら、中間の茶で文字盤を点で描く。

44

アリス

▶ 型紙 **90** ページ

用意するアイシング

◎中間
　白、水色（SB）、
　肌色（CR + OR + BR）、
　きいろ（LY + BR）、
　茶（BR）

◎やわらかめ
　肌色（CR + OR + BR）、
　きいろ（LY + BR）、
　水色（SB）、白

1 中間の白でアウトラインを描く。

2 やわらかめの肌色で顔と手の部分を、やわらかめのきいろで髪を塗りつぶす。

3 やわらかめの水色で、ドレスの部分を塗りつぶし、30分ほど乾燥。

4 やわらかめの白でエプロン、ドレスの襟、足を塗りつぶす。表面を乾かし、中間の水色でエプロンの裾、中間の茶で靴を描く。

5 4の表面が乾いたら、2～4の各部分を、それぞれの色を中間のかたさで縁どりをする。

6 中間の茶で目と口を描き、中間の白で頭のリボンを描く。

白ウサギ

▶ 型紙 **90** ページ

用意するアイシング

◎中間
　白、赤（CR）、
　黒（CP）、茶（BR）

◎やわらかめ
　白、きいろ（LY）、赤（CR）

1 中間の白でアウトラインを描く。

2 やわらかめの白で頭と足、きいろでベスト、赤で上着の部分を塗りつぶす。30分ほど乾燥させる。

3 2の表面が乾いたら、中間の赤で上着の襟を描く。中間の黒でちょうネクタイ、中間の茶で顔を描く。

トランプ

▶ 型紙 **90** ページ

用意するアイシング

◎中間
　白、赤（CR）

◎やわらかめ
　白

＊スペードとクローバーのトランプは、中間の黒（CP）で模様を描く。

1 中間の白でアウトラインを描き、やわらかめの白でなかを塗りつぶす。30分ほど乾燥させる。

2 1の表面が乾いたら、中間の赤でトランプの模様を描く。

カギ

▶ 型紙 **90** ページ

白／中間

きのこ

毒きのこもアイシングなら食べても安心!?
リアルさをとことん追求したきのこたちです。
写真をじっくり観察しながら描きましょう。

▶ つくりかた **47**ページ　　Design：Mélililou

キヌガサタケ

▶ 型紙 **91** ページ

用意するアイシング
◎中間
　白、グレー（CP）、
　茶（BR）、肌色（OR）

1 中間の白でアウトラインを描く。

2 中間のグレーで柄の部分を塗りつぶす。

3 中間の茶で上部分を、中間の肌色でつぼの部分を塗りつぶし、30分ほど乾燥させる。

4 中間の白でレース部分の模様を描きはじめる。模様は矢印のように8の字の連続模様。

5 4をレース部分の上から下まで続けて描く。

6 そのまま8の字の連続模様で、レース部分をすき間なく埋める。

ササクレヒトヨタケ

▶ 型紙 **91** ページ

用意するアイシング
◎中間
　白
◎やわらかめ
　グレー（CP）、
　濃グレー（CP）

1 中間の白でアウトラインを描く。

2 やわらかめのグレーで柄の部分を塗りつぶす。

3 やわらかめのグレーでカサの上5分の4を塗りつぶす。

4 やわらかめの濃グレーでカサの下部分を塗り、ドット模様を描く。

5 表面が乾かないうちに、カサのグレーと濃グレーの色の境めを、楊枝で引っかいてぼかす。

6 表面が乾かないうちに、カサの濃グレーのドット模様を、楊枝で引っかいてささくれのような模様にする。

＊用意するアイシングの、かため・中間・やわらかめはアイシングのかたさ（**17** ページ）、（　）内は使用した食用色素の色（**24-25** ページ）です

ソライロタケ

▶ 型紙 **91** ページ

用意するアイシング

◎中間
　白
◎やわらかめ
　水色 (SB)、濃水色 (SB)

1 中間の白でアウトラインを描く。

2 やわらかめの水色で柄の部分を塗りつぶす。やわらかめの水色でカサの上3分の2、やわらかめの濃水色でカサの下を塗りつぶす。

3 表面が乾かないうちに、カサの水色と濃水色の、色の境めを楊枝で引っかいて模様をつける。

ホシアンズタケ

▶ 型紙 **91** ページ

用意するアイシング

◎中間
　白、オレンジ (OR)
◎やわらかめ
　薄オレンジ (OR)、
　オレンジ (OR)、白

1 中間の白でアウトラインを描く。

2 やわらかめの薄オレンジで柄の部分を、やわらかめのオレンジでカサを塗りつぶす。30分乾燥させる。

3 やわらかめの白でカサの部分に、小さな波線模様を描く。柄の部分に、中間のオレンジでドット模様を描く。

オオキノボリイグチ

▶ 型紙 **91** ページ

用意するアイシング

◎中間
　白
◎やわらかめ
　紫 (VL)、白、
　きいろ (LY)、薄紫 (VL)

1 中間の白でアウトラインを描く。

2 やわらかめの紫でカサの上の部分を塗りつぶす。

3 やわらかめの白でカサの部分に、大きめのドット模様を描く。

4 やわらかめのきいろでカサの下の部分を塗りつぶす。

5 柄を上から、やわらかめのきいろ、薄紫、紫の3色で塗りつぶす。

6 5の表面が乾かないうちに、柄の3色の色の境めを、楊枝で引っかいてぼかす。

ベニテングタケ

▶ 型紙 **91** ページ

用意するアイシング
◎中間
　白
◎やわらかめ
　赤（CR+BR）、白

＊小さいものも同様。

1 中間の白でアウトラインを描く。

2 やわらかめの赤でカサの部分を、やわらかめの白で柄の部分を塗りつぶす。30分ほど乾燥させる。

3 中間の白で柄の上の部分を縁どり、下部分に二重の波線で模様を描く。カサの部分に、中間の白でドット模様をラフに描く。

Arrange
ドクツルタケ

白／やわらかめ
白／中間

タマゴタケ

▶ 型紙 **91** ページ

用意するアイシング
◎中間
　白、オレンジ（OR）
◎やわらかめ
　オレンジ（OR）、
　赤（CR+OR）

＊小さいものも同様。

1 中間の白でアウトラインを描く。

2 やわらかめのオレンジで柄の上の部分を、中間の白で下の部分を塗りつぶす。

3 やわらかめの赤でカサの下端を残して塗りつぶす。

4 やわらかめのオレンジでカサの下部分を塗る。

5 表面が乾かないうちに、カサの赤とオレンジの色の境めを、楊枝で下から上に引っかいて模様をつける。

6 表面が乾いたら、柄の上の部分と下の部分をそれぞれ塗った色の中間のかたさで縁どりをする。

アミガサタケ

▶ 型紙 **91** ページ

用意するアイシング
◎中間
　白、薄オレンジ（OR）、
　茶（BR+CP）、薄茶（BR）

1 中間の白でアウトラインを描く。

2 中間の薄オレンジで柄の部分を、中間の茶でカサの中央の部分を塗りつぶす。30分ほど乾燥させる。

3 中間の薄茶でカサの部分にアミヒダを描く。模様は大小の菱形をバランスよくつなげて、網の目のようにする。

Flowers

色数も少なくシンプルなデザインだけれど、華やかに仕上がるフラワーは、ビギナーさんにおすすめのモチーフです。

▶ つくりかた **50** ページ　Design：Mélililou

アネモネ

▶ 型紙 **91** ページ

用意するアイシング
◎中間
　白、黒（CP）
◎やわらかめ
　赤（CR）、白

＊紫のアネモネは、やわらかめの紫（VL+CR）で花びらを塗りつぶす。

1 中間の白でアウトラインを描く。

2 やわらかめの赤で花びらを塗りつぶす。

3 やわらかめの白で花の中心を塗り、30分ほど乾燥させる。中間の黒で花芯を描く。

パンジー

▶ 型紙 **91** ページ

用意するアイシング

◎中間
　白、濃きいろ（LY+OR）、
　茶（BR）
◎やわらかめ
　紫（VL+CR）、
　きいろ（LY+OR）

1 中間の白でアウトラインを描く。

2 やわらかめの紫で花びらの上の部分を塗りつぶす。30分ほど乾燥させる。

3 紫のアイシングに少しかぶせるようにして、やわらかめのきいろで花びらの下の部分を塗りつぶす。中間の濃きいろ、茶で花芯を描く。

マーガレット

▶ 型紙 **89** ページ・丸

用意するアイシング

◎中間
　白、きいろ（LY+OR）

＊ピンクのマーガレットは、中間のピンク（PI）で花びらを描く。

1 中間の白でアウトラインを描く。

2 中間の白で花びらを、中間のきいろで花芯を塗りつぶす。30分ほど乾燥させる。

3 中間の白、きいろで、それぞれ花びらと花芯の縁どりをする。

クローバー

▶ 型紙 **91** ページ

用意するアイシング

◎中間
　白
◎やわらかめ
　緑（LG+LY）、白

1 中間の白でアウトラインを描く。

2 やわらかめの緑で塗りつぶしたら、すぐにやわらかめの白で模様を描く。

3 2の表面が乾かないうちに、白のアイシング部分を矢印のように引き、模様をつける。

ちょう

▶ 型紙 **91** ページ

用意するアイシング

◎中間
　白
◎やわらかめ
　紫（VL+CR）、
　きいろ（LY+OR）

1 中間の白でアウトラインを描く。

2 やわらかめの紫で羽の下の部分を塗りつぶし、そこに少しかぶせるようにして、やわらかめのきいろで羽の上の部分を塗りつぶす。

3 2の表面が乾いたら、中間の白で羽に模様を描き、つづいて基部と触角も描く。基部はしずくをつなげるようにして描くとよい。

＊用意するアイシングの、かため・中間・やわらかめはアイシングのかたさ（**17** ページ）、（　）内は使用した食用色素の色（**24-25** ページ）です

Foods

食玩と見紛うような、おもしろフードモチーフ3食。ミニチュアをつくるように、1色ずつていねいにアイシングをのせましょう。
▶ つくりかた **53** ページ　Design：Trigo e Cana

モーニングプレート

▶ 型紙 **89**ページ・丸

用意するアイシング
◎かため
　白、薄茶（BR）、
　赤（CR）、黄緑（LG+LY）、
　緑（LG）
◎中間
　赤茶（BR+CR+TP）、
　白、きいろ（LY+OR）
◎やわらかめ
　白、薄きいろ（LY）

1 かための白でアウトラインを描き、やわらかめの白で塗りつぶす。30分ほど表面を乾燥させる。

2 かための薄茶でトーストのアウトライン、赤でプチトマト、黄緑でブロッコリーの茎を描く。

3 かための緑で、大きめの点を重ねてブロッコリーの房を描く。ミニトマトのヘタも同色でしずくを何度か絞り、楊枝で形を整える。

4 中間の赤茶でベーコンを描き、その上に中間の白をのせたら、楊枝で引っかいてまだら模様にする。15分ほど乾燥。

5 4のベーコンの上に、同様にしてもう1枚ベーコンを描く。やわらかめの薄きいろでトーストを塗りつぶし、30分乾燥。その上に中間の白で卵の白身を描く。

6 5の表面が乾いたら、中間のきいろで卵の黄身を描く。立体感が出るよう、ぷっくりと絞る。

マグカップ

▶ 型紙 **92**ページ

用意するアイシング
◎かため
　白、黒（TP）
◎中間
　茶（BR+TP）
◎やわらかめ
　白

1 かための白でアウトラインを描く。

2 やわらかめの白で塗りつぶす。中間の茶で円の部分を塗りつぶしたら、30分ほど乾燥させる。

3 かための黒で文字を描く。中間の茶でコーヒー豆を描く。

水筒

▶ 型紙 **92**ページ

用意するアイシング
◎かため
　グレー（TP）、
　緑（LG＋TP＋BR＋SB）
◎やわらかめ
　グレー（TP）、
　緑（LG＋TP＋BR＋SB）、
　白

1 かためのグレーと緑でアウトラインを描く。

2 やわらかめのグレーで、ふたと水筒の下の部分、やわらかめの緑で水筒を塗りつぶす。

3 2の緑の上にやわらかめのグレーで横長の四角を描き、その上にひとまわり小さい四角をやわらかめの白で重ねる。ふたと底の部分に白で線を描く。

＊用意するアイシングの、かため・中間・やわらかめはアイシングのかたさ（**17**ページ）、（ ）内は使用した食用色素の色（**24-25**ページ）です

ランチボックス

▶ 型紙 **89** ページ・四角

用意するアイシング

◎かため
  グレー (TP)
  オレンジ (OR+LY)
◎中間
  白、濃いグレー (TP)、
  ピンク (PI)、黒 (TP)
  赤 (CR)
◎やわらかめ
  グレー (TP)、
  オレンジ (OR+LY)、
  薄きいろ (LY)、
  緑 (LG+TP+BR+SB)、
  黄緑 (LG+LY)、
  きいろ (LG+BR)、
  薄茶 (きいろ+BR)、
  茶 (BR+TP+CR+OR)
  生成り (LY)

1 かためのグレーでアウトラインを描き、やわらかめのグレーで塗りつぶす。30分ほど表面を乾燥させる。

2 中間の白でご飯を描く。ご飯は大きめの点で、すき間を埋めるように描くとよい。

3 かためのオレンジで鮭の切り身のアウトラインを描き、やわらかめのオレンジで塗りつぶす。やわらかめの薄きいろで鮭に模様をつける。

4 中間の濃グレーで鮭の皮を描き、その上にやわらかめの薄きいろの筋を描く。楊枝で引っかき、薄きいろを濃グレーになじませる。

5 表面が乾いたら、やわらかめの緑でしその葉を描き、すぐに黄緑で葉脈を描き入れる。

6 やわらかめのきいろで、卵焼きを描き、すぐに薄茶で焼き色のうず巻き模様を重ねる。

7 しその葉の上に、やわらかめの茶で肉巻きを描く。すぐに、その上にやわらかめの緑と黄緑でおくらを描き、楊枝で模様を整える。

8 やわらかめの生成りでポテトサラダを厚めに描き、すぐに、やわらかめのきいろ、オレンジ、緑でサラダの具をドット模様で描く。

9 中間のピンクで肉巻きの下につけものを描き、ご飯の上に中間の黒でゴマを、真ん中に中間の赤で梅干しを描く。

コーンスープ

▶ 型紙 **89** ページ・丸

用意するアイシング

◎かため
  白
◎やわらかめ
  白、きいろ (LY)、緑 (LG)

1 かための白でアウトラインを描く。

2 やわらかめの白で器の部分を塗りつぶす。

3 やわらかめのきいろで、中央の円を塗りつぶし、すぐに、やわらかめの白でうず巻き模様を、緑で小さなドットを描く。

ハンバーグ

▶ 型紙 **89** ページ・丸

用意するアイシング

◎かため
　黒（TP）

◎中間
　こげ茶（BR＋TP）、
　生成り（LY）、緑（LG+LY）、
　オレンジ（OR+LY）、緑（LG）

◎やわらかめ
　黒（TP）、
　赤茶（こげ茶 +CR+OR）

1 かための黒でアウトラインを描き、やわらかめの黒で塗りつぶす。30分ほど表面を乾燥させる。

2 中間のこげ茶でハンバーグを描く。ハンバーグは表面が凸凹になるよう強弱をつけてアイシングを絞るとよい。

3 中間の生成りで、大きめの丸を2段ほど重ねてマッシュポテトを描く。

4 中間の緑（LG+LY）で小さなドットを **3** の上に描く。中間のオレンジで太めの線を何度か重ね、にんじんのグラッセを描く。

5 中間の緑（LG）で細めの線を何度も重ね、インゲンを描く。

6 **2** の表面が乾いたら、やわらかめの赤茶でハンバーグの上のソースを描く。

Column

かわいいラッピングで
アイシングクッキーを贈ろう！

ラッピング：Mélililou

特別な日の贈り物

アイシングクッキーの楽しさを演出しつつ、特別感を出すなら、透明ボックスがぴったり。箱のなかにペーパーパッキンをたっぷりしき、OPP 袋に入れた好みのクッキーを並べましょう。仕上げに小さなリボンをふたにつけます。

カジュアルな贈り物

プチギフトなど1度にたくさん包むときに。
左：クッキーを OPP 袋に入れたら、口を折り、二つ折りにしたレースペーパーではさみ、リボン結びをした毛糸を重ねてホッチキスで留めます。
右：袋はロウ引き袋で、包みかたは上と同じ要領。袋口に穴を開け、タグをつけたひもを通して結び留めます。

のし風のラッピングも
かんたんかわいい！
おすすめです。

Lesson 3

イベントにぴったり！
季節のモチーフ

カラフル＆かわいいアイシングクッキーで、季節のイベントを盛り上げましょう！ お子さんといっしょにチャレンジするのもおすすめです。

お正月

おめでたい和モチーフがいっぱい。梅の花や獅子舞の顔は、失敗してもやり直ししやすい、後のせパーツを使用しています。

▶ つくりかた **58**ページ　Design：Trigo e Cana

富士

▶ 型紙 **92** ページ

用意するアイシング
◎かため
　白、赤（CR）
◎やわらかめ
　水色（SB）、白、赤（CR）

1 かための白と赤でアウトラインを描く。

2 やわらかめの水色で山の下部分を塗りつぶす。その際、アウトラインをおおうように色をのせる。

3 やわらかめの白で、山の上部分を塗りつぶしたら、30分ほど乾燥させる。その後、やわらかめの赤で日の出を塗りつぶす。

賀正

▶ 型紙 **92** ページ

用意するアイシング
◎かため
　黄緑（LG+LY）、
　きいろ（LY）、黒（TP）
◎中間
　赤（CR）、きいろ（LY）、
　緑（LG）、黄緑（LG+LY）
◎やわらかめ
　きいろ（LY）、
　薄茶（LY+BR+OR）

1 中間の赤ときいろで梅を、中間の緑とかための黄緑で松を、かための黄緑で笹を描いて、後のせパーツをつくり（21ページ）、半日から1日、乾かしておく。

2 かためのきいろでアウトラインを描き、やわらかめのきいろでなかを塗りつぶしたらすぐに、やわらかめの薄茶で飾り枠を描く。

3 表面が乾かないうちに、**1**の後のせパーツをのせる。30分ほど乾燥させたら、かための黒で文字を描く。

目出鯛

▶ 型紙 **92** ページ

用意するアイシング
◎かため
　赤（CR）、黒（TP）
◎中間
　ピンク（CR）
◎やわらかめ
　赤（CR）、ピンク（CR）、
　白

1 かための赤でアウトラインを描く。

2 中間のピンクで背びれを塗りつぶす。体は胸びれと尾の部分を塗り残し、やわらかめの赤で塗る。

3 やわらかめのピンクで胸びれと尾を塗る。

4 **3**の表面が乾かないうちに、楊枝で胸びれと尾の部分を放射状に引っかき、模様をつける。

5 やわらかめの白で白目を描く。中間のピンクを唇にたっぷりめにのせ、塗りつぶす。30分ほど乾燥させる。

6 中間のピンクで体に波線を描き、うろこ模様を入れる。かための黒で目を描く。

だるま

▶ 型紙 **92** ページ

用意するアイシング
◎かため
　赤（CR）
◎中間
　白、黒（TP）
◎やわらかめ
　赤（CR）、きいろ（LY）

1 かための赤でアウトラインを描く。

2 やわらかめの赤で体を塗りつぶす。その際、胴は厚めに、頭の細い部分は薄めに塗る。すぐにやわらかめのきいろで模様を描く。

3 表面が乾いたら、中間の白で白目を描き、中間の黒で眉毛、ひげ、鼻、口を描く。最後に黒目を入れる。

ししまい

▶ 型紙 **89** ページ・丸、**92** ページ

用意するアイシング
◎かため
　緑（LG+BR）
◎中間
　赤（CR）、白、
　オレンジ（OR）、
　きいろ（LY）、黒（TP）
◎やわらかめ
　緑（LG+BR）、白

1 赤で頭を、白で毛、白目、口を、オレンジで鼻を、きいろで歯を、黒で眉毛、目、鼻の穴を描いて（すべて中間のかたさ）、後のセパーツをつくり（21ページ）、半日から1日、乾かしておく。

2 かための緑でアウトラインを描き、やわらかめの緑でなかを塗りつぶす。

3 **2**の上に、やわらかめの白でうず巻き模様を描く。すぐに**1**の後のセパーツをのせる。

ポチ袋

▶ 型紙 **92** ページ

用意するアイシング
◎かため
　黄緑（LG+LY）、白、
　赤（CR）、黒（TP）
◎中間
　赤（CR）、きいろ（LY）、
　緑（LG）
◎やわらかめ
　白、赤（CR）

1 中間の赤ときいろで梅を、中間の緑とかための黄緑で松を描いて、後のセパーツをつくり（21ページ）、半日から1日、乾かしておく。

2 かための白でアウトラインを描き、やわらかめの白でなかを塗りつぶす。

3 右上にやわらかめの赤で模様を入れ、**1**の後のセパーツをのせる。30分ほど乾燥させる。

4 表面が乾いたら、かための白と赤で、水引の線を描く。

5 水引の中央に、かための赤と白でちょう結びを描く。

6 かための黒で文字を描く。

*用意するアイシングの、かため・中間・やわらかめはアイシングのかたさ（17ページ）、（　）内は使用した食用色素の色（24-25ページ）です

(Chic ver.)

Valentine's day

バレンタインらしいココア生地を使ったクッキーです。ビターテイストが甘いアイシングにもぴったりで、男性への贈り物にもおすすめ。

▶ つくりかた **61** ページ　Design : Mélililou

(Pop ver.)

ちょうネクタイ

▶ 型紙 **92** ページ

用意するアイシング

◎中間
　白、こげ茶（BR+CP）
◎やわらかめ
　こげ茶（BR+CP）

1 中間の白でアウトラインを描く。

2 やわらかめのこげ茶でネクタイを塗りつぶす。30分ほど乾燥させる。

3 中間のこげ茶で縁どりをする。

キルティングパターン

▶ 型紙 **89** ページ・四角

用意するアイシング

◎中間
　白
◎やわらかめ
　ピンク（PI）、
　グレー（CP）、白

1 中間の白でアウトラインを描く。

2 やわらかめのピンクで□を交互に塗りつぶし、やわらかめのグレーで残った□を塗りつぶす。

3 表面が乾いたら、タイルの角の上にやわらかめの白でドットを描く。最後に周囲を、しずくをつなげて縁どりする。

カップケーキ

▶ 型紙 **92** ページ

用意するアイシング

◎中間
　白、濃ピンク（PI）、
　茶（BR+OR）
◎やわらかめ
　茶（BR+OR）、
　ピンク（CR+OR）、
　きいろ（LY）、紫（VL）

1 中間の白でアウトラインを描く。

2 茶でスポンジ、ピンクでクリーム、きいろと紫でカップを塗りつぶす（すべてやわらかめ）。30分ほど乾燥させる。

3 中間の濃ピンクで文字を、濃ピンクと茶でクリームの上の模様を描く。中間の白でハート模様を加える。

キャンディー

▶ 型紙 **92** ページ

用意するアイシング

◎中間
　白
◎やわらかめ
　白、水色（SB）、ピンク（PI）

＊ほかの作例は同じ色を使用した模様違い。文字と縁飾りは茶（BR）で描く。

1 中間の白でアウトラインを描き、やわらかめの白でなかを塗りつぶす。

2 表面が乾かないうちに、やわらかめの水色でドットを描き、その上にピンクのドットを重ねる。

Arrange
＊指定以外はやわらかめにする。

きいろ（LY+OR）／中間
濃ピンク（PI）／中間
白／中間
茶（BR+OR）／中間
緑（LG+LY）
紫（VL）

＊用意するアイシングの、かため・中間・やわらかめはアイシングのかたさ（**17**ページ）、（ ）内は使用した食用色素の色（**24–25**ページ）です

ひなまつり

貝合わせをイメージして、はまぐりの形にかわいいひな人形を描きました。ももの花はたくさんつくって添えるのがかわいいでしょう。

▶ つくりかた **63** ページ　Design：Trigo e Cana

おひなさま

▶ 型紙 **92** ページ

用意するアイシング

◎かため
　白、薄茶（LY + BR）、
　黒（TP）、赤（CR）
◎やわらかめ
　黒（TP）、白、ピンク（PI）、
　グレー（TP）、きいろ（LY）、
　紫（VL）、赤（CR）
　薄茶（LY+BR）

1 かための白でアウトラインを描く。

2 やわらかめの黒で髪を、やわらかめの白で顔を塗りつぶす。すぐにやわらかめのピンクで頬、やわらかめのグレーで眉を描く。

3 やわらかめのきいろ、やわらかめの紫で衿を塗りつぶす。

4 やわらかめの赤で着物を塗りつぶし、すぐにやわらかめの白で、点の模様を描く。30分ほど乾燥させる。

5 かための薄茶で扇子と頭飾りのアウトラインを描く。

6 やわらかめの薄茶で**5**を塗りつぶし、頭飾りにドットを描く。かための黒で目を、かための赤で口を描く。

Arrange
おだいりさま

▶ 型紙 **92** ページ

＊アウトライン、目、口はかため、そのほかはすべてやわらかめにする。

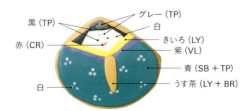

黒（TP）　グレー（TP）　白　きいろ（LY）　紫（VL）　青（SB + TP）　うす茶（LY + BR）　赤（CR）　白

おひなさまの型紙を左右反転して使用すると、並べたときに向き合っているようになる。

ももの花

▶ 型紙 **92** ページ

用意するアイシング

◎かため
　薄ピンク（CR）、
　ピンク（CR）、きいろ（LY）
◎やわらかめ
　薄ピンク（CR）

1 かための薄ピンクで花のアウトラインを描く。

2 やわらかめの薄ピンクで**1**を塗りつぶし、30分ほど乾燥させる。かためのピンクで花芯を描く。

3 かてのきいろで花芯の点を描く。

＊用意するアイシングの、かため・中間・やわらかめはアイシングのかたさ（**17**ページ）、（　）内は使用した食用色素の色（**24-25**ページ）です

子供の日

悠々と空を泳ぐ鯉のぼりと、シンプルな兜。
鯉のぼりの鱗は、ベースのアイシングが乾いてから描いて、立体感を出すとかわいい!

▶ つくりかた **65**ページ　Design：Mélililou

鯉のぼり

▶ 型紙 **92** ページ

用意するアイシング

◎中間
　白、
　濃ロイヤルブルー（RB+CP）

◎やわらかめ
　白、
　濃ロイヤルブルー（RB+CP）

＊RBはWilton社アイシングカラーのロイヤルブルー。

1 中間の白でアウトラインを描く。

2 やわらかめの白で口の部分と白目を塗りつぶす。

3 やわらかめの濃ロイヤルブルーで、体と目のまわりを塗りつぶし、30分ほど乾燥させる。

4 中間の濃ロイヤルブルーでひげを描き、鱗と尾の模様も加える。

5 中間の濃ロイヤルブルーで目のまわりを縁どりする。

6 中間の白で、4の鱗の内側をなぞって、模様を加える。

かぶと

▶ 型紙 **93** ページ

用意するアイシング

◎中間
　白、
　ロイヤルブルー（RB+CP）

◎やわらかめ
　白、
　ロイヤルブルー（RB+CP）

＊RBはWilton社アイシングカラーのロイヤルブルー。

1 中間の白でアウトラインを描く。

2 やわらかめの白とロイヤルブルーで、かぶとを塗りつぶす。30分ほど乾燥させる。

3 中間のロイヤルブルーで縁どりをする。

Arrange

＊アウトライン、模様、縁どりは中間、そのほかはすべてやわらかめにする。

黒（CP）
白

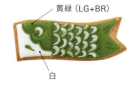
赤（CR+BR）
白
黄緑（LG+BR）
白

赤（CR+BR）
白

お父さん鯉のぼり、お母さん鯉のぼりと、少しずつクッキーを大きくするのがおすすめ！

母の日 父の日

パパとママに感謝のメッセージを込めた、母の日、父の日のモチーフ。もちろんメッセージを変えればどんなイベントにも OK！
▶ つくりかた **68** ページ
Design：Mélililou（66ページ）、Trigo e Cana（67ページ）

2色使いでつくりやすいパパベア、ママベア。小物や表情は本人に似せてもかわいい。

ブーケモチーフの花は、口金のコルネでつくった花の後ろせパーツを使って立体感を出しました。

立体感のあるアイシングの泡が楽しいビールジョッキ。メッセージは自由に！

ベア

▶ 型紙 93 ページ

用意するアイシング
◎中間
　白、水色（SB）
◎やわらかめ
　白

1 中間の白でアウトラインを描く。

2 やわらかめの白で1を塗りつぶし、30分ほど表面を乾燥させる。

3 中間の水色で目とひげを描く。

4 中間の水色でちょうネクタイを描いたら、中間の水色で文字を描く。

Arrange

白／やわらかめ

ピンク（PI）／中間

メッセージは自由にアレンジしましょう。

ふきだし

▶ 型紙 93 ページ

用意するアイシング
◎かため
　白、ピンク（PI）
◎中間
　紫（VL）
◎やわらかめ
　白

1 かための白でアウトラインを描いたら、やわらかめの白でなかを塗りつぶす。30分ほど乾燥させる。

2 中間の紫で、ふきだしの少し内側を形に沿ってなぞる。線は多少ラフになってもかわいい。

3 かためのピンクで文字を描き、しずくを2つ合わせるようにしてハート模様を加える。

Column
**口金絞りで
お花をつくろう！**

1 バラ口金をつけたコルネ（アイシングはかため）、小さく切ったクッキングシート、ペットボトルのキャップを用意する。

2 ペットボトルのキャップに2か所アイシングを少し絞り、クッキングシートを留める。

3 口金の先が丸くなっているほうを、キャップの中心にあてる。

ブーケ

▶ 型紙 89 ページ・丸

用意するアイシング・道具
◎かため
　白、薄ミント (LG+SB)、
　ミント (LG+SB)、
　きいろ (LY)、紫 (VL)、
　薄オレンジ (OR)、
　黄緑 (LG+LY)、
　ピンク (PI)、白
◎やわらかめ
　薄オレンジ (OR)

・バラ口金

1 白、薄ミント、ミント、きいろ、紫（すべてかため）で花の後のせパーツをつくり（下の手順参照）、半日から1日、乾かしておく。

2 かための薄オレンジでアウトラインを描き、やわらかめの薄オレンジで塗りつぶす。30分ほど表面を乾燥させる。

3 かための黄緑で、線を何度か重ねて花の茎を描く。

4 かための黄緑をたっぷりめに絞り、その上に1の後のせパーツをのせて接着。

5 4をくり返し、5つの花が少しずつ重なるようにバランスよく配置する。

6 コルネの先をカットし（21ページ「葉っぱを描く」）、かための黄緑で葉っぱを描く。葉は花のすき間を埋めるように、バランスよく入れる。

7 葉っぱの先が長くなりすぎたり、形が乱れたりしたら、水で湿らせた筆でやさしく整える。

8 かためのピンクでリボンを描く。

9 かための白でドット模様を描く。

4 3の支点を中心に、手首を回しながら花びらを1枚絞る。

5 手前の花びらに少し重ねるようにしながら、次の花びらを絞る。少しずつキャップを回して枚数分くり返す。

花びらの枚数は好みでアレンジを！

＊用意するアイシングの、かため・中間・やわらかめはアイシングのかたさ（17ページ）、（ ）内は使用した食用色素の色（24-25ページ）です

エプロン

▶ 型紙 93 ページ

用意するアイシング
◎かため
　白
◎中間
　赤（CR）
◎やわらかめ
　白、赤（CR）、緑（LG）

1 かための白でアウトラインを描く。

2 やわらかめの白でエプロンの上と下の部分を塗りつぶす。

3 2の上に手早く、やわらかめの赤でさくらんぼの実を描く。

4 3の上に、やわらかめの緑でさくらんぼの茎を描く。

5 中間の赤でエプロンのベルトの部分を塗りつぶし、裾とそでに小さな波線でフリルを描く。

6 中間の赤でエプロンのベルトを縁どりし、胸元部分にリボンを描く。

ビールジョッキ

▶ 型紙 92 ページ

用意するアイシング
◎かため
　白、ピンク（PI）
◎やわらかめ
　きいろ（LY+OR）、
　やまぶき（きいろ+OR）

1 かための白で、太めにアウトラインを描く。

2 やわらかめのきいろでジョッキのなかを塗りつぶす。

3 2の上に、やわらかめのやまぶきで、ランダムにドット模様を描く。

4 コルネの口を太めにし、かための白で、ビールの泡を描く。泡は大きめの点をランダムに絞って面を埋めると、自然な仕上がりに。

5 かためのピンクで文字を描く。

Arrange

水色（SB）／かため

Halloween party

アイシングクッキー大活躍のイベント！ ちょっぴりリアル、そしてポップなモチーフを集めました。たくさんつくって、トリック・オア・トリート！
▶ つくりかた **72** ページ　Design：Trigo e Cana

ハウンテッド・ハウス

▶ 型紙 **93** ページ

用意するアイシング
◎かため
　紫（VL）
◎中間
　白
◎やわらかめ
　オレンジ（OR）、紫（VL）、
　黒（TP）

1 生地の中央部分を、やわらかめのオレンジで薄く塗る。

2 かための紫で家と、1のオレンジの上に窓のアウトラインを描く。

3 やわらかめの紫で家を塗りつぶす。窓の部分は塗り残す。30分ほど表面を乾燥させる。

4 やわらかめの黒で、煙突、屋根、窓の下の部分を飾る。アイシングは厚めに、垂れる感じを出す。屋根の部分は細かくジグザグを描く。

5 中間の白でおばけを描く。

6 5の表面が少し乾いたら、中間の白でおばけの手、やわらかめの黒で目を描く。

ジャック・オ・ランタン

▶ 型紙 **93** ページ

用意するアイシング
◎かため
　緑（LG）、オレンジ（OR）
◎やわらかめ
　紫（VL）、オレンジ（OR）

1 生地の中央部分を、やわらかめの紫で薄く塗り、かための緑で筋ばった感じでへたを描く。かためのオレンジでアウトラインを描く。

2 やわらかめのオレンジでかぼちゃを塗りつぶす。目と口の部分は塗り残す。アイシングは厚めにのせる。30分ほど表面を乾燥させる。

3 かための緑でつるを描く。コルネの先をカットし（21ページ「葉っぱを描く」）、葉っぱを加える。

ふくろう

▶ 型紙 **93** ページ

用意するアイシング
◎かため
　黒（TP）、紫（VL）、
　オレンジ（OR）
◎やわらかめ
　黒（TP）

1 かための黒でアウトラインを描く。

2 やわらかめの黒でなかを塗りつぶす。30分ほど表面を乾燥させ、かための紫で羽とお腹の模様を描く。目は薄く下書きをし、ドットをつなげて⌒を描く。

3 かためのオレンジで目と口ばし、足、頭と羽の模様を描く。

ミイラ男

▶ 型紙 **89** ページ・丸

用意するアイシング・道具
◎かため
　白
◎中間
　黄緑 (LG+LY)、黒 (TP)
◎やわらかめ
　黒 (TP)

・バラ口金

1 中間の黄緑と黒で目玉を描いて、後のせパーツをつくり（21ページ）、半日から1日、乾かしておく。

2 生地の中央から上部分を、やわらかめの黒で薄く塗る。

3 かための白でアウトラインを描く。

4 バラ口金をつけたコルネに、かための白を詰めたら、目玉をのせる部分を空けて、目のまわりに帯状に絞る。

5 そのままバランスよく、かための白をのせて、表面を埋める。

6 中間の黒をのり代わりにして、**1**の目玉パーツをのせる。

おばけ

▶ 型紙 **93** ページ

用意するアイシング
◎かため
　白
◎やわらかめ
　紫 (VL)、白、黒 (TP)

1 生地の顔の部分を、やわらかめの紫で薄く塗り、かための白でアウトラインを描く。

2 やわらかめの白でなかを塗りつぶす。目と口の部分は塗り残す。

3 表面が乾かないうちに、やわらかめの黒で点、半円を二重に描く。楊枝で放射状に引っかき、模様をつける。

フランケン男

▶ 型紙 **89** ページ・四角

用意するアイシング
◎かため
　ミント (LG+SB)、黒 (TP)、
　グレー (TP)、ピンク (PI)
◎やわらかめ
　ミント (LG+SB)、
　オレンジ (OR)、黒 (TP)

1 かためのミントで四角く顔のアウトラインを描き、やわらかめのミントで塗りつぶす。すぐに、やわらかめのオレンジと黒で目を描き、30分ほど乾燥させる。かためのミントで額のアウトラインを描く。

2 やわらかめのミントで額を塗りつぶす。30分ほど乾燥させ、かためのミントで縫い目を描く。かための黒で髪のアウトラインを描く。

3 やわらかめの黒で髪を塗りつぶす。かためのグレーでネジを、かためのピンクで口を描く。

＊用意するアイシングの、かため・中間・やわらかめはアイシングのかたさ（**17**ページ）、（　）内は使用した食用色素の色（**24-25**ページ）です

White Christmas

色素いらずの白いアイシングクッキーでまとめた、クリスマスのモチーフたち。少し濃いめの焼き色に、白が雪のように映えます。

▶ つくりかた **76** ページ　Design：Mélililou

Colorful Christmas

本書最大のアイシングクッキー！ 生地は焼く前にフォークなどで穴を開けると、反らずに仕上がります。オーナメントは後のせパーツです。

▶ つくりかた **77**ページ　　Design：Trigo e Cana

ホース

▶ 型紙 **93** ページ

用意するアイシング
◎中間
　白

鞍

胸がい
腹帯

1 中間の白で、鞍部分に曲線を二重に描き、外側の曲線に小さな波線を加えて、レースを描く。

2 1の外側にやや大きめの波線を描き、なかにドットを加える。

3 腹帯と胸がいを、曲線、波線、ドットの組み合わせでレース模様にして描く。

Arrange

頭飾り

頭絡

4 たてがみ部分に四角を描き、線に沿って波線を加える。なかに、曲線とドットで模様を描く。

5 頭絡を描く。

6 鞍のなかに、しずくを絞って模様を描く。

白

＊ベースに白を塗る場合は、中間の白でアウトラインを描き、やわらかめの白で塗りつぶす。表面が乾燥してから、模様を描く。

＊リボンを通す穴は、生地を焼く前、型を抜いた後に竹串やストローを刺して開ける。

雪の結晶

▶ 型紙 **93** ページ

用意するアイシング
◎中間
　白

1 中間の白で直線としずくで模様を描く。

2 1のしずくの内側を中間の白で塗りつぶす。

3 結晶の中央に中間の白で、しずくとドットで模様を加える。

ベル

▶ 型紙 **94** ページ

用意するアイシング
◎中間
　白
◎やわらかめ
　白

1 中間の白でアウトラインを描く。

2 やわらかめの白でリボンとベルの縁を塗りつぶす。

3 中間の白でベルに模様と、ベルのなかを描き、リボンを縁どる。

カラフルクリスマス

▶ 型紙 **94** ページ

用意するアイシング

◎かため
　緑（LG）

◎やわらかめ
　緑（LG）、
　モスグリーン（LG+BR）、白

1 下のアイシングの組み合わせで、オーナメントの後のせパーツをつくり（21ページ）、半日から1日、乾かしておく。

2 かための緑でアウトラインを描く。

3 やわらかめの緑で木の部分を塗りつぶす。その際、コルネの口は太めにして手早く、厚めにアイシングをのせる。

4 塗りつぶしたところ。

5 4の上に手早く、やわらかめのモスグリーンで4本の横線を描く。

6 4の表面が乾かないうちに、木の下から上に向かって楊枝で引っかき、模様をつける。

7 模様をつけたところ。

8 7の上に、手早く、やわらかめの白でジグザク模様を描く。

9 8の表面が乾かないうちに、1のオーナメントをバランスよくのせる。

Ornaments

＊すべて中間のかたさ。

きいろ（LY）／赤（CR）／白

赤（CR）／白

きいろ（LY）／薄きいろ（LY）

赤（CR）／緑（LG）

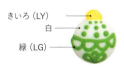
きいろ（LY）／白／緑（LG）

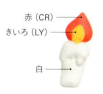
赤（CR）／きいろ（LY）／白

きいろ（LY）／赤（CR）／白

緑（LG）／赤（CR）／薄きいろ（LY）／緑（LG）／赤（CR）

＊用意するアイシングの、かため・中間・やわらかめはアイシングのかたさ（**17**ページ）、（　）内は使用した食用色素の色（**24-25**ページ）です

Lesson

HAPPYを彩る!
特別なモチーフ

ウエディング、出産、誕生日、人生の特別なできごとを、アイシングクッキーですてきにお祝いしませんか。お返しギフトにぴったりのモチーフも。

Wedding gift

純愛の花言葉を持つすずらんや、青い鳥はプチギフトに◎。また、新郎新婦へのお祝いに合うラッピングを 55 ページで紹介しています。
▶ つくりかた **80** ページ　Design：Mélililou

新郎

▶ 型紙 94 ページ

用意するアイシング
◎中間
　白、グレー（CP）、
　濃グレー（CP）、
　肌色（OR+BR+CR）、
　黒（CP）、薄きいろ（LY）、
　薄オレンジ（OR）

1 中間の白でアウトラインを描く。

2 中間のグレーでタキシードのジャケットとズボンを塗りつぶす。

3 中間の濃グレーでベストを塗りつぶし、続いて、中間の肌色で手と顔を塗りつぶす。

4 中間の白でシャツの襟を塗り、中間の黒で髪、ネクタイ、靴を塗りつぶす。

5 中間の薄きいろ、薄オレンジでブートニアを描き、中間のグレーでネクタイ留めを加える。30分ほど乾燥させる。

6 5の表面が乾いたら、2〜4の各部分を、それぞれの色で縁どりする。

新婦

▶ 型紙 95 ページ

用意するアイシング
◎中間
　白、肌色（OR+BR+CR）、
　薄茶（BR+OR）、
　薄きいろ（LY）、
　薄オレンジ（OR）
◎やわらかめ
　白

1 中間の白でアウトラインを描く。

2 やわらかめの白でドレスのスカートの中央を塗り、スカートの左右とビスチェ部分も塗りつぶす。中間の肌色で顔と手を、中間の薄茶で髪を塗りつぶす。

3 表面が乾いたら、中間の白でドレスを縁どりする。ドレスのフリル部分は二重に線を描く。続いて、中間の薄きいろでブーケを、薄オレンジでリボンを描く。

4 中間の白で、ドレスのスカートにバラの花や草を描き、模様をバランスよくつける。

5 4の表面が乾いたら、2〜4の各部分を、それぞれの色で縁どりする。中間の白でドレスの背にリボンを描く。

6 中間の白でティアラとネックレスを描き加える。

エンゲージリング

▶ 型紙 **94** ページ

用意するアイシング・材料
◎中間
　白、水色（SB）、
　きいろ（LY + OR）
・グラニュー糖

1 中間の白でアウトラインを描く。

2 中間の白でダイヤの部分を塗りつぶし、すぐにグラニュー糖をまぶす。余分な砂糖を落として30分ほど乾燥させる。

3 中間の水色で、ダイヤの模様を描く。中間のきいろでリング部分を塗りつぶし、中間のきいろと白で、中央に名まえを入れる。

ブルーバード

▶ 型紙 **93** ページ

用意するアイシング
◎中間
　白、茶（BR）
◎やわらかめ
　水色（SB）

1 中間の白でアウトラインを描く。

2 やわらかめの水色で体を塗りつぶす。30分ほど乾燥させる。

3 中間の茶で目と口ばしを描き、体の中央にメッセージを描く。

スズランブーケ

▶ 型紙 **94** ページ

用意するアイシング
◎かため
　白
◎中間
　白、緑（LG+LY）、
　ピンク（PI）

1 中間の白で葉とリボンのアウトラインを描き、中間の緑で葉を塗りつぶす。同じ色で茎を2本描く。中間のピンクでリボンを塗る。

2 表面が乾いたら、コルネの先を太めにしたかための白で、大きめの丸を描く。丸はたっぷりめに絞り立体感を出すと◎。30分ほど乾燥させる。

3 **2**の丸にかための白で小さな点を3つずつ加えて、スズランの花を描く。中間のピンクでリボンを縁どりする。

ウエディングケーキ

▶ 型紙 **94** ページ

用意するアイシング
◎中間
　白、ピンク（CR+OR）、
　茶（BR）

＊もう1種のウエディングケーキは、クリームの代わりにピンク（PI）でレース模様を描く。

1 中間の白でアウトラインを描く。

2 中間のピンクでスポンジとハートを塗りつぶし、続いて、中間の白をピンクに少し重ねるようにしながら、クリーム部分を塗りつぶす。

3 30分ほど乾燥させたら、中間の茶でメッセージを描き、中間の白でドット模様を加える。

＊用意するアイシングの、かため・中間・やわらかめはアイシングのかたさ（**17**ページ）、（　）内は使用した食用色素の色（**24-25**ページ）です

Japanese wedding

ドラマチックな花嫁と、末永い幸せを祈るペアの和モチーフを2種。プチギフトにはユーモラスなおかめとひょっとこ、プレゼントにはモダンな鶴と亀がおすすめです。

▶ つくりかた **83** ページ　Design：Trigo e Cana

角隠し

▶ 型紙 89 ページ・丸、
　95 ページ・角隠し

用意するアイシング
◎かため
　黒（TP）
◎中間
　白
◎やわらかめ
　黒（TP）、きいろ（LY+OR）、
　赤（CR）、紫（VL）、
　薄紫（VL）

＊**5**の後のせパーツは中間
の白であらかじめつくってお
く。（21ページ）

1 かための黒でアウトライン
を描く。

2 やわらかめの黒で中央を、
やわらかめのきいろで左右
の雲を塗りつぶす。

3 **2**の上に手早く、やわらか
めの赤で菊の花、紅葉、ドッ
ト模様を描く。

4 やわらかめの紫と薄紫、き
いろで、ちょうを2羽描く。

5 角隠しの後のせパーツは
割れないよう、机などの角
に置いて、半分ずつそっと
OPPシートをはずす。

6 **4**の表面が乾かないうちに、
中央に**5**の後のせパーツを
のせる。模様がずれないよ
うのせるときは慎重に。

ひょっとこ

▶ 型紙 92 ページ

用意するアイシング
◎かため
　白、赤（CR）
◎やわらかめ
　肌色（OR）、白、黒（TP）、
　薄茶（肌色+BR）、
　水色（SB）

1 かための白でアウトライン
を描き、やわらかめの肌色
で顔を塗る。その際、目や
手ぬぐいの結び目の部分は
塗り残す。

2 やわらかめの白でほっかむ
りの部分を塗りつぶし、白
目を入れる。すぐにやわらか
めの黒で眉毛と黒目を描く。

3 やわらかめの薄茶で鼻やし
わ、口を描く。やわらかめ
の水色でほっかむりに細か
いドットを入れ、表面が乾
いたら、かための赤でくち
びるを描く。

つる

▶ 型紙 89 ページ・丸

用意するアイシング
◎かため
　白、赤（CR）、黒（TP）
◎やわらかめ
　白、赤（CR）

1 かための白と赤でアウトラ
インを描く。

2 やわらかめの白でつるの部
分を、やわらかめの赤で残
りの部分を塗りつぶす。表
面が乾いたら、かための黒
で文字を描く。

Arrange
＊指定以外はやわらかめにする。

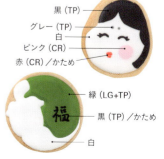

黒（TP）
グレー（TP）
白
ピンク（CR）
赤（CR）／かため

緑（LG+TP）
黒（TP）／かため
白

Baby shower

男の子、女の子、どちらの性別にもアレンジ
可能なかわいいベビーベア。色素は少なめに、
やさしいパステルカラーでまとめましょう。

▶ つくりかた **85** ページ　　Design：Mélililou

ベビーベア

▶ 型紙 94 ページ

用意するアイシング・材料
◎中間
　白、茶（BR）、ピンク（PI）
◎やわらかめ
　薄ピンク（CR）
・アラザン（シルバー）

1 中間の白でアウトラインを描く。

2 やわらかめの薄ピンクで体を塗りつぶす。30分ほど乾燥させたら、中間の白で襟を描く。

3 中間の白で襟のフリルを描く。中間の茶で目と鼻と口、名まえを描く。中間のピンクでリボンを描き、中央にアラザンをのせる。

木馬

▶ 型紙 94 ページ

用意するアイシング・材料
◎中間
　白、薄ピンク（PI）、
　きいろ（LY）、茶（BR）、
　ピンク（PI）
◎やわらかめ
　白
・アラザン（シルバー）

1 中間の白でアウトラインを描く。

2 やわらかめの白で体を塗りつぶす。中間の薄ピンクで木馬の下の部分を塗りつぶす。

3 中間のきいろで額の毛、たてがみ、尾を塗りつぶす。30分ほど乾燥させる。

4 中間の薄ピンクで鞍を、中間のきいろで腹帯を描く。

5 中間のきいろで木馬の下の部分に模様を描く。模様はS字を描くようにして、最初と最後は多めにアイシングを絞る。

6 中間のきいろで頭絡、中間の薄ピンクで腹帯のフリル、中間の白で鞍の縁模様、中間の茶で目を描く。

7 中間のピンクでリボンを描き、中央にアラザンをのせる。

Arrange
＊指定以外は中間のかたさ。

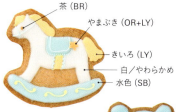

Birthday

さまざまな書体に、思い思いの模様を施したタイポグラフィーのクッキー。ケーキなどの飾りにするのもおすすめです。

▶ つくりかた **87** ページ　Design：Trigo e Cana

H（太い文字）

▶ 型紙 95 ページ

用意するアイシング
◎中間
　ミント（SB+LG）

1 中間のミントでアウトラインを描く。

2 中間のミントでなかを塗りつぶす。その際、アウトラインをおおうようにするとよい。

3 アイシングは文字の中央を高めに絞るときれい。

a

▶ 型紙 95 ページ

用意するアイシング
◎かため
　ピンク（PI）
◎中間
　紫（VL）

1 中間の紫でアウトラインを描く。

2 中間の紫でなかを塗りつぶす。30分ほど乾燥させる。

3 2の上に手早く、かためのピンクでストライプ模様を描く。

P（水玉）

▶ 型紙 95 ページ

用意するアイシング
◎かため
　きいろ（LY）
◎やわらかめ
　きいろ（LY）、
　オレンジ（OR）

1 かためのきいろでアウトラインを描く。

2 やわらかめのきいろでなかを塗りつぶす。

3 2の上に手早く、やわらかめのオレンジでドット模様を描く。

P（ふちどり）

▶ 型紙 95 ページ

用意するアイシング
◎かため
　ピンク（PI）
◎やわらかめ
　ピンク（PI）、緑（LG）

1 かためのピンクでアウトラインを描く。

2 やわらかめのピンクでなかを塗りつぶす。

3 2の上に手早く、コルネの先を太めにした、やわらかめの緑で縁どりをする。

＊用意するアイシングの、かため・中間・やわらかめはアイシングのかたさ（17ページ）、（　）内は使用した食用色素の色（24-25ページ）です

A

▶ 型紙 **95** ページ

用意するアイシング

◎**かため**
　薄ピンク（PI）

◎**やわらかめ**
　薄ピンク（PI）、薄紫（VL）

1 かための薄ピンクでアウトラインを描く。

2 やわらかめの薄ピンクをランダムに絞る。

3 やわらかめの薄紫をランダムに絞る。

4 ピンクと薄紫を塗ったところ（多少すき間が空いていても構わない）。

5 表面が乾燥しないうちに、楊枝で文字のなかを混ぜながらすき間を埋める。色のバランスを見ながら楊枝を動かすとよい。

6 きれいなマーブル模様ができる。

Arrange

▶ 型紙 **95** ページ
＊アウトライン、上にのせる模様はすべてかためにする。

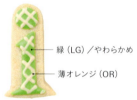

緑（LG）／やわらかめ
薄オレンジ（OR）

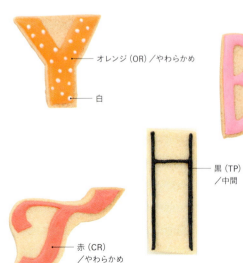

オレンジ（OR）／やわらかめ
白

ピンク（PI）／やわらかめ

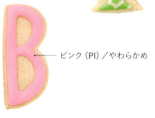

黒（TP）／中間

青（SB）／やわらかめ
白

赤（CR）／やわらかめ

茶（BR）／やわらかめ

黒（TP）／やわらかめ
白

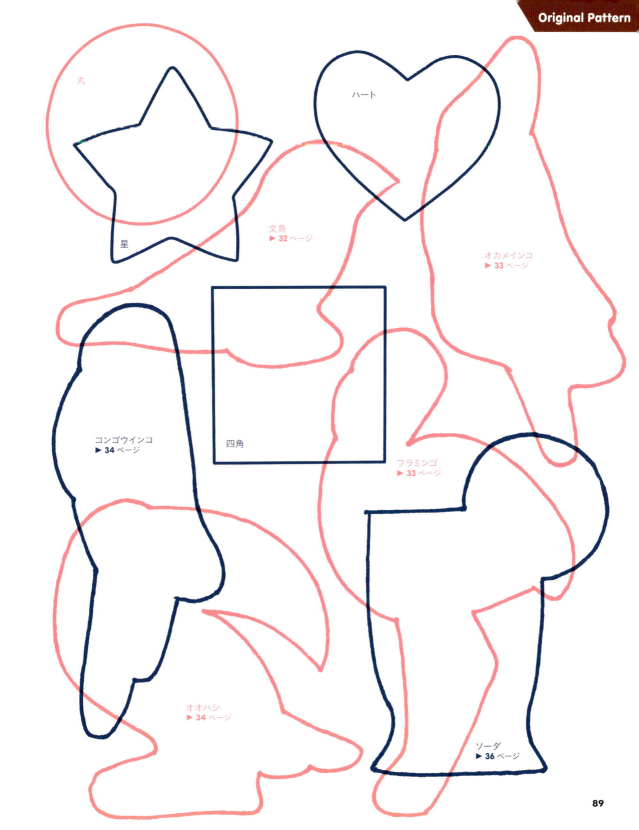

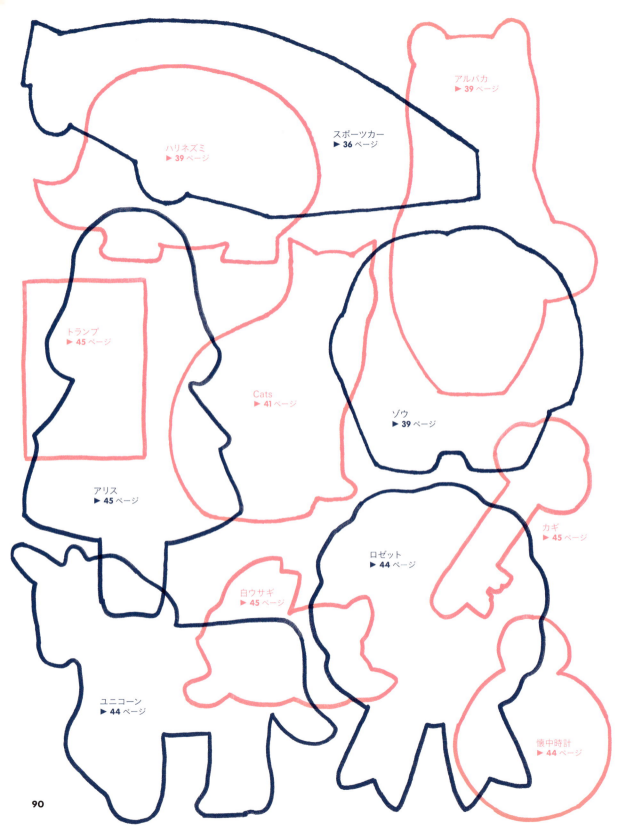

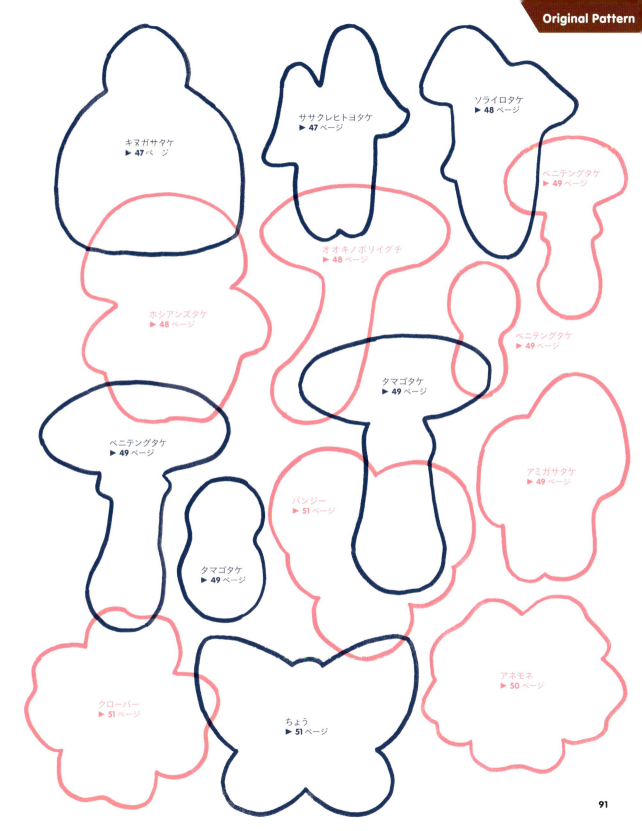

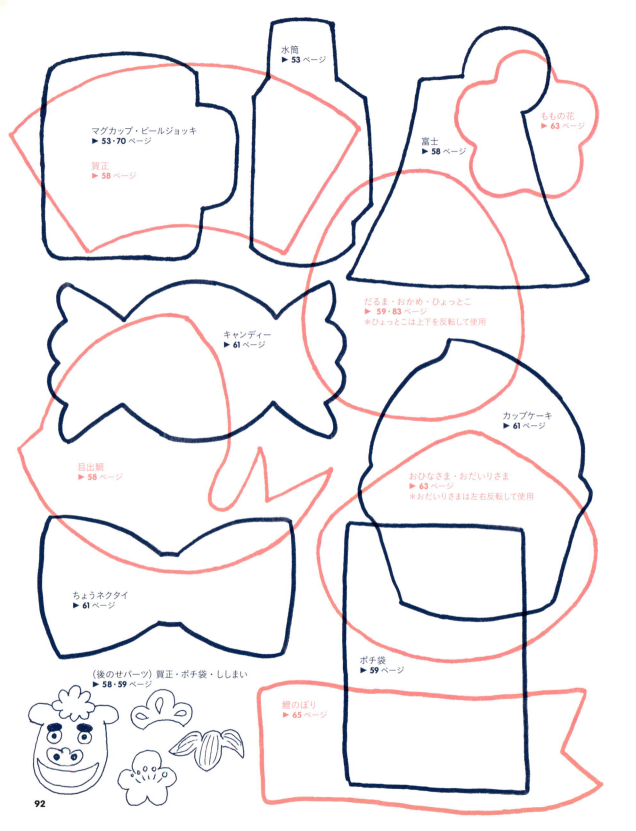

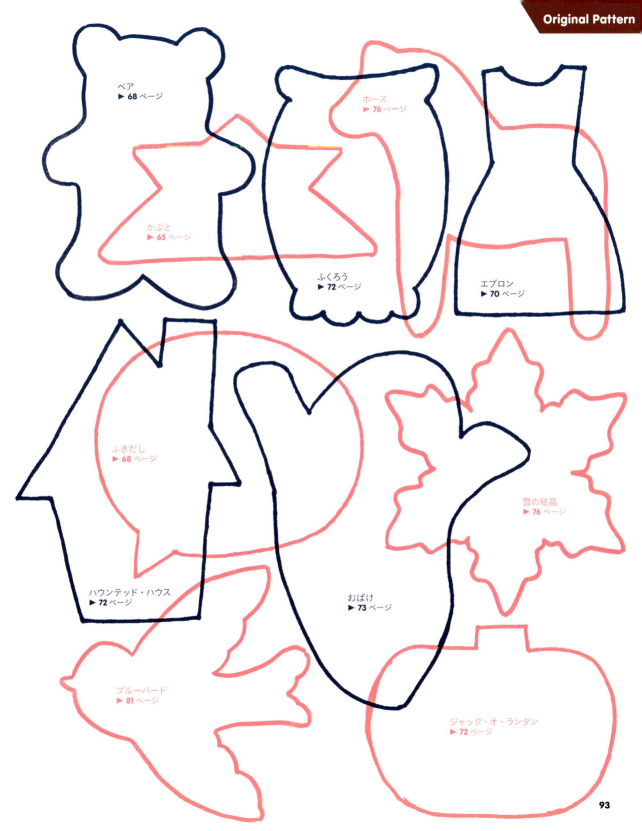

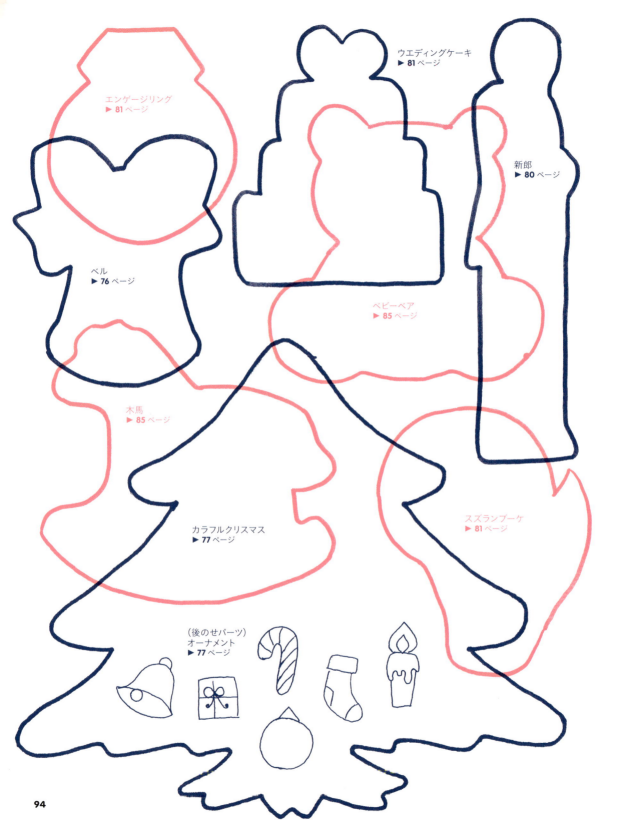

Trigo e Cana / トリゴエカナ

主宰＆デザイン・はるやまゆみこ。新潟市出身。文化服装学院卒。お菓子好きが高じて、2011年よりアイシングクッキーの制作をスタートする。2015年アトリエをオープン。現在レッスンクラスやウェブショップの準備中。各種イベントやワークショップでも活躍する。屋号はポルトガル語で「麦と砂糖」。趣味は着物の着付け。
http://torenta.tumblr.com/

Mélililou / メリリル

宮本葵。大学卒業後、日本とフランスのピエール・エルメ・パリに勤務。ル・コルドン・ブルー パリ校で製菓を学ぶ。2013年、かわいいお菓子のお店メリリルをオープン。季節のお菓子やオーダーメイドのアイシングクッキーの制作、企業や作家とのコラボレーションを数多く手がける。
http://melililou.jp/

Staff

撮影　masaco
デザイン　辻 祥江
スタイリング　伊東朋恵
編集協力　株式会社スリーシーズン（土屋まり子）

プレゼントしたい！
アイシングクッキーレシピ

2015 年 11 月 19 日　初版発行

著者　Trigo e Cana
　　　Mélililou
発行者　佐藤龍夫
発行所　株式会社 大泉書店
　　　〒162-0805　東京都新宿区矢来町 27
　　　TEL　03-3260-4001（代）　FAX　03-3260-4074
　　　振替　00140-7-1742
　　　URL　http://www.oizumishoten.co.jp/
印刷・製本　大日本印刷株式会社

本書を無断で複写（コピー・スキャン・デジタル化等）することは、著作権法上認められている場合を除き、禁じられています。小社は、著者から複写に係わる権利の管理につき委託を受けていますので、複写される場合は、必ず小社宛にご連絡ください。
＊本書の作品を無断で複製頒布、転載することは禁じられています。
＊落丁・乱丁本は小社にてお取り替えします。
＊本書の内容についてのご質問は、ハガキまたは FAX でお願いします。
ISBN 978-4-278-03798-2　C0077
©2015 Oizumishoten Printed in Japan